ZHONGXUE SHENGWU
JIAOXUE JINENG SHIXUN YU JIAOYU SHIXI

中学生物
教学技能实训与教育实习

涂传林 ◎ 主编

安徽师范大学出版社

·芜湖·

责任编辑:盛　夏
装帧设计:丁奕奕

图书在版编目(CIP)数据

中学生物教学技能实训与教育实习／涂传林主编. —芜湖:安徽师范大学出版社,
2016.8(2023.7重印)
ISBN 978-7-5676-2109-1

Ⅰ.①中… Ⅱ.①涂… Ⅲ.①生物课—教学研究—中学 Ⅳ.①G633.912

中国版本图书馆 CIP 数据核字(2015)第 184105 号

中学生物教学技能实训与教育实习
涂传林　主编

出版发行:安徽师范大学出版社
　　　　　芜湖市九华南路 189 号安徽师范大学花津校区　　邮政编码:241002
网　　　址:http://www.ahnupress.com/
发 行 部:0553-3883578 5910327 5910310(传真)　　E-mail:asdcbsfxb@126.com
印　　　刷:苏州市古得堡数码印刷有限公司
版　　　次:2016 年 8 月第 1 版
印　　　次:2023 年 7 月第 2 次印刷
规　　　格:710 mm×1000 mm　　　1/16
印　　　张:12.75
字　　　数:200 千
书　　　号:ISBN 978-7-5676-2109-1
定　　　价:35.00 元

《中学生物教学技能实训与教育实习》编委会

主　　编：涂传林

副主编：陈明林　晏　鹏　韩　菲

编　　委：王丹丹　王立平　王莉莉　孔祥敏　汤　玮　杜春艳

顾　　问：鲁亚平

前　言

　　高等师范院校(以下简称"高师院校")生物科学(师范)专业的主要培养目标是培养各类学校合格的生物教师。作为一名合格的中学生物教师，除了要掌握先进的教育理论、扎实的生物学知识，还必须具备娴熟的教学技能。

　　长期以来，高师院校生物科学(师范)专业学生的从教技能训练主要通过短期培训(试讲)和教育实习(实践)来进行。由于培训时间短，而且没有专门的教材，培训质量难以保证，学生不能完全胜任教育实习工作，实习学校常会有"现在的师范生怎么了"的疑问，用人单位在招聘时也感到难以选到满意的"准教师"。

　　随着高师院校教育教学改革的深入和社会对生物科学(师范)专业毕业生从教技能的要求日益提高，加强和改进生物科学(师范)专业学生从教技能培训和教育实习工作迫在眉睫，广大师生迫切需要一本能系统有效地指导和培养生物科学(师范)专业学生的从教技能，提高生物教育实习质量的教材。

　　为此，我们组织具有多年指导生物科学(师范)专业学生开展中学生物教学技能实训和教育实习经验的教师编写了《中学生物教学技能实训与教育实习》一书。本书以现代教育学、心理学及中学生物教学论为指导，运用微格教学手段，联系中学生物教学实际，系统介绍了中学生物教学技能实训和教育实习的基本理论、基本方法及评价措施，并精选了部分优秀教案和说课稿，供学生实训和实习时学习参考。

　　本书力图简明扼要，理论联系实际，注重吸纳高师院校及中学生物教育教学改革的最新成果，致力于科学、高效地训练生物科学(师范)专业学生的从教技能，提高教育实习效果，增强生物科学(师范)专业毕业生的就业能力。

　　本书不仅可以作为高师院校生物科学(师范)专业教材，也可供成人教育机构、校本培训机构对在职中学生物教师进行继续教育培训时使用。

由于编者水平有限，加之时间仓促，书中难免有错误和不当之处，敬请广大读者批评指正，以便在再版时修改。

《中学生物教学技能实训与教育实习》编委会

2014 年 8 月

目　录

第一章　微格教学基本原理

教学是一门艺术。然而,当人们谈及艺术时,首先想到的总是音乐、美术、舞蹈、雕塑、造园、插花等,很少有人将它和教学联系在一起。事实上,早在 300 多年前,捷克教育家夸美纽斯就将教学与艺术有机地联系在一起,他在《大教学论》一书中明确指出:教学论是教学的艺术。此后,关于教学是一门艺术的见解便逐渐被人们接受,人们开始研究它的内涵、功能、原则、特征、表现方式和技巧等。

教学作为一门艺术,其训练方法多种多样,如:通过学习教学论和教学法等课程,提高教学艺术的理论水平;通过演讲比赛、说课比赛和教学实习等活动,掌握教学的基本技能。近年来,在高师院校兴起了一门新课程——微格教学,实践证明微格教学是训练教学艺术的有效途径。

第一节　微格教学的概念、产生与发展

一、微格教学的概念

微格教学的英文名称为 microteaching,在我国还被译为"微型教学""微观教学""小型教学"等,目前国内用得较多的是"微格教学"。微格教学是一种利用现代教学技术手段来培训师范生和在职教师教学技能的系统方法。微格教学创始人之一,美国教育学博士德瓦埃·特·爱伦认为,微格教学"是一个缩小了的、可控制的教学环境,它使准备成为或已经是教师的人

有可能集中掌握某一特定的教学技能和教学内容"。

微格教学实际上是提供了一个练习环境,使复杂的课堂教学得以分解和简化,并能使练习者获得大量的反馈意见。分解和简化主要体现在以下几个方面:

(1)授课时间短。这样可减轻师范生或青年教师的压力和负担,也便于指导教师集中精力观察和评估教学。

(2)教学内容单一。只教一个概念或一个具体内容,便于师范生或青年教师掌握,能在较短时间内完成教学任务。

(3)训练目标单一。只训练一种技能,使师范生或青年教师容易掌握,指导教师容易评估。

(4)学生人数少(4~5人)。便于师范生或青年教师控制,减少了心理压力。

根据多年的微格教学实践及国内微格教学研究情况,我们将微格教学的概念定义为:微格教学是一个有控制的实践系统,它使师范生或在职教师有可能集中解决某一特定的教学行为,或在有控制的条件下进行学习。它是建立在教学理论、视听理论和技术基础上,系统培训教师教学技能的方法。

二、微格教学的产生

微格教学是美国教育改革的产物。1958年美国开始了全国性的大规模教育改革,它涉及课程设置、教育结构、教师培训、教学方法、教学管理和评价等教育领域。作为教育改革的一个方面,教学方法改革显得十分活跃,他们改革传统的教学方法,对教师或师范生进行科学化的培训,旨在使受培训者尽快地成为更好一些的教师。斯坦福大学的研究人员在对"角色扮演"(相当于我国师范生教育实习前的试讲)进行改造和研究的过程中,认识到在教学中教师对学生的影响与教师的教学技能有十分重要的关系。因此,他们认为师范教育的重点应放在如何使教师(或师范生)掌握教学技能上,并明确提出了对教学行为要有分析和反馈,以便增强培训效果;对教学技能要有系统和科学的分类,以便明确培训目的和进行评价;对每一种技能都要进行严格训练,以便熟练掌握各种教学技能。只有这样,才能使受培训者掌握综合教学技能。在如何进行反馈方面,使用音像摄录设备,使教学技能的反馈能做到及时、准确、具体,并形成各种风格的生动教学。这样,微格教学便产生了。

三、微格教学的发展

(一)微格教学在国外的发展

微格教学自1963年提出后,很快推广到世界各地。一些欧洲国家的师范教育首先接受了这一新的培训方法。在英国,微格教学被安排在四年制的教育学士课程内。在接受微格教学训练后,师范生再到各中学进行教育实习。悉尼大学的教育工作者们,经过近十年的研究和实践开发的微格教学课程获得了世界认可。他们编著的一套微格教学教材已被澳大利亚80%的师资培训机构以及英国、南非、巴布亚新几内亚、印度尼西亚、泰国、加拿大、美国等国家和香港地区的一些师范院校所采用。

(二)微格教学在国内的发展

微格教学在国内的发展经历了三个时期:

1. 引进期

在美国、英国、澳大利亚等国风靡一时的微格教学于20世纪80年代中期引入我国,微格教学开始进入我国教育界有识之士的视线。自1987年始,北京教育学院一些教师开展了对微格教学的学习和研究,并进行了一些实践应用。

2. 推广期

由于北京教育学院的不懈努力,微格教学迅速为国人所认识。1991年夏,北京教育学院受国家教委外资贷款办公室委托,举办了世界银行贷款项目"教师教育与微格教学讲习班"。随后,北京师范学院(1992年初)、清华大学(1994年)先后举办了同样性质的讲习班,聘请了英国诺丁汉大学乔治·布朗及帕丁顿夫妇等专家为我国高师教育工作者介绍了微格教学的开发与应用。1993年,全国各省级教育学院在国家教委的资助下,建立了具有先进设备的微格教学实验室,许多学校也自筹资金,纷纷建立了微格教学实验室。1998年10月,全国微格教学协作组年会在云南教育学院召开,来自美国的微格教学创始人之一德瓦埃·特·爱伦教授作了《关于微格教学新旧模式对比》的报告,展示了新型微格教学的实习与评价模式。

3. 成长期

2000年,微格教学协作组申请加入了中国电化教育协会(后更名为中国教育技术协会),成为其专业委员会中的一员。教育部已经将微格教学活动的开展列入高师院校教学质量评估指标体系,微格教学进入了一个新的成长时期。

第二节 微格教学的特点与作用

一、微格教学的特点

微格教学是一门实践性较强的课程,它有许多特点(优点):

(一)理论联系实际

微格教学中的示范、备课、角色扮演、反馈和讨论等一系列活动,以现代教育教学理论为指导,实训教学的各个环节,使教育教学理论得到具体的贯彻和体现。

(二)目标明确

由于每次实训时间短、学生人数少、只集中训练一种或几种教学技能,训练目标可以制定得更加明确、具体。

（三）重点突出

被培训者在较短时间内训练一两种教学技能，他们可以把精力集中放在要突出掌握的重点上。

（四）易于掌控

特殊的教学环境为被培训者实现培训目标提供了易于掌控的便利条件。

（五）反馈及时

当一节微型课结束后，被培训者可以通过放录像及时进行自我分析和相互讨论评价，找出教学中的优点和不足。如有需要，可以把有争议的片断用暂停、重放等方法找出来。

（六）自我教育

由于使用录音和录像等新的记录技术，被培训者可以作为"第三者"来观察自己的教学活动，寻找自己的不足之处。

（七）心理压力小

被培训者不必因为试教失败而担心，这将为他们下一步的教育实习打下良好的基础，增强自信心。

二、微格教学的作用

（一）微格教学促进了教学法的发展

微格教学对课堂教学技能的研究填补了教学论和各科教学法研究的空白。一般教学论和各科教学法的内容通常涉及课程论、学习论、教学过程、教学原则、学生非智力因素对教学的影响、教学测量与评价等。这些内容是在宏观教学活动层次上对一般教学系统或学科专业教学的一般规律的研究,涉及教师素质的内容往往是对教师所应具有的教学能力进行原则要求式的论述,缺乏对教学能力的深层次研究和培养途径的研究。微格教学的研究成果说明了基本的教学技能是形成综合教学能力的基础,并对各学科课堂教学中应有哪些教学技能,各种教学技能是什么,以及教学技能的形成规律等问题进行了较深入的研究,填补了对教学能力深层次研究的空白,为教学论向深层次和更实用的方向发展创造了条件。

(二)微格教学促进了教育研究的科学化

微格教学是利用以客观性、系统性、具体性为特征的科学方法,运用现代教学技术手段,开展教学技能训练和研究的实践过程。微格教学借鉴了自然科学中的研究方法,找到了一个合适的研究层次,并实现了对复杂教学活动变量的控制和训练过程的系统控制,使基础理论对实践的指导达到了可操作的水平。微格教学在方法论上为教育科学的研究提供了成功的经验,明确了科学的方法论是教育理论与教育实践之间有机结合的桥梁,这种桥梁作用在实践上表现为教育技术的实际应用。

(三)微格教学促进了教师培训的规范化

微格教学可以为师范生的教育实习打下良好的基础。从分技能的训练到完整课的实践,符合新教师成长的一般规律。目标明确和操作具体的技能训练便于观察模仿,减少了教学的复杂程度,模拟的教学环境可减少真实教学所造成的心理压力,使师范生可以比较顺利地迈出从学生到教师的第一步。以往教育实习的经验表明,由于完整课的教学具有教学活动的复杂性、多种变量的不可预测性等特点,师范生在完整课的教学实习中真正得到训练提高的仅仅是几种教学技能。师范生在实习之前,通过微格教学训练基本的教学技能,投入相对少的时间和精力即可以收到较大的效果,而且基本的教学技能普遍性较强,可以在各种情况下的完整课教学中应用。

微格教学对在职教师全面扎实地掌握教学的基本功也有很大的帮助。青年教师进入工作岗位后,若不及时进行有计划的培训,经过一段时间后,将会形成教学的某种稳定状态,但这种仅凭个人素质形成的教学稳定状态往往是不理想的。青年教师在学习老教师的教学经验时,也同样需要先打好教学基本功,若教学技能的基础打得不牢,学习老教师经验的效果和效率也会大大受到影响。

(四)微格教学促进了教研活动的顺利开展

微格教学在中小学教研活动中的应用经验表明,用微格教学理论指导中小学教师开展提高教学技能的教研活动,不仅使教师们认识到了教育理论的价值,改变了过去认为理论没用的片面看法,而且使教师们体会到了现代教学手段的便利,能主动地在自己的教学中学习使用录像、投影、计算机辅助教学等现代教学技术。更主要的是,由于微格教学明显的训练效果,使广大教育部门的领导和教师愿意投入很大的热情来加强基本功的训练。

第三节　微格教学的准备、实施与评价

一、微格教学的准备

微格教学的准备与课堂教学的准备基本相同,它们遵循的理论、方法、程序完全一致。不同之处在于:微格教学的准备是针对某一个教学片段,以训练一两种基本教学技能为主,而不是为了常规教学的准备。微格教学的准备主要包括课前学习、确定培训技能、编写教案、观摩示范和组建微格课堂等五个基本环节。

(一)课前学习

微格教学是在现代教育理论指导下对教师教学技能培训的实践活动。因此,在训练前让师范生或在职教师进行教学理论的学习和研究是非常必要的。学习的主要内容有:教学技能分类、教学目标分类、教材分析、现代教

学媒体的应用、课堂教学设计、课堂教学观察方法和教学评价等。在这些理论的指导下,指导教师根据实际情况和教学目标要求制订培训计划。

(二)确定培训技能

进行微格教学培训的方法是,首先把构成教师课堂教学行为的要素分解为不同的教学技能,然后逐种进行训练。为了便于掌握,每次只训练一两种技能,通过多次训练达到总的目标要求。教师在课堂教学中应该掌握多少种技能,各国分类的方法各不相同。美国斯坦福大学设定了十四种教学技能,英国的特罗特则提出六种教学技能,而本书提出了九种教学技能。

(三)编写教案

在理论学习和确定了培训技能之后,被培训者就要选择适当的教学内容,根据教学目标进行教学设计,编写出较为详细的教案,运用所确定的教学技能进行教学。微格教学的教案具有不同于一般教案的特点,它不但要详细规定教师的教学行为,还要规定学生的学习行为和对提问等的反应,以及教学进度的时间分配等。

在动手编写教案之前,首先应明确以下几个问题:

(1)学生学什么? 即你想让学生在本课中学到些什么知识,是事实、概念、技能、思想、观念,还是兼而有之。这是通过对教学内容和学习任务的分析必须明确的。

(2)教学目标是什么? 即通过教学后,学生能做什么。所制定的目标要明确、具体,学生确实能做到,并且是可观察和测量的。同时,还要区分教育目标和教学目标,内隐的目标和外显的目标。

(3)教学程序是什么? 即根据对教学任务和课题的分析及所教班级学生的特点,明确教学的步骤和顺序,以及教学技能训练的基本程序。

(4)选择什么样的教学方法和教学手段? 目的是为了达到教学目标和更好地促进学生有效地参与到教学活动中来。

(5)如何评价? 即对教师的教学效果和学生的学习效果评价的方法。

在编写教案时,要把教学过程中教师和学生的主要活动如讲解、提问、演示、回答问题等按时间顺序写下来,并把教师的活动和学生的活动分别填写(见"微格教学教案示例")。在与教师活动相对应的"教师教学行为"和"教学技能构成要素"栏中,要注明教师在进行某一内容教学时所使用的教学技能和使用教学技能的具体过程。在"学生学习行为"栏中要注明教师在进行某一内容教学时学生的活动是什么,如果是回答问题,要写出可能出现的回答及正确答案。各种教具、仪器和媒体的使用应与教学进程相对应。

微格教学教案示例

【课题】七年级(上),第四节"食物链、食物网"片段

【教学目标】

1. 通过案例引入食物链、食物网的概念,激发学生的学习兴趣。

2. 通过画食物链,食物网,使学生了解生物之间复杂的食物关系。

3. 通过小组交流讨论,培养学生的归纳思维能力,为学习生态系统的能量流动和物质循环的基本规律作好知识准备。

【技能目标】板书技能、讲解技能、提问技能。

【教学过程】

时间分配 (分钟)	教师教学行为 (讲解、提问、演示等)	教学技能构成 要素	学生学习行为 (预想回答)	教具准备 板书计划
0.5	上节课我们学习了生态系统的组成,我们知道在生态系统中不同生物之间的关系十分复杂,但是它们都有一个共同点:都离不开食物。食物是生物生存的基本条件,许多生物都围绕着食物发生联系。下面,我们就研究第三个问题:食物链、食物网	提纲式板书 ——注意位置,要写工整 导入技能——承上启下	预备状态,集中精力	板书: 三、食物链、食物网
0.5	有这样一个简单的生态系统	板画	引起兴趣、预想	板画:青草、兔、鹰等

续表

时间分配 （分钟）	教师教学行为 （讲解、提问、演示等）	教学技能构成 要素	学生学习行为 （预想回答）	教具准备 板书计划
1.0	青草:生产者、绿色植物; 兔子:消费者,植食动物; 鹰:消费者,肉食动物; 还有阳光、土壤等非生物环境及分解者	板画,要注意布局	听,思考	
	这些生物,特别是动物,它们围绕着食物会发生什么联系呢?	提问技能	回答:兔子吃青草,鹰吃兔子	
	对! 兔子吃青草,鹰又吃兔子。这里兔子是初级消费者,鹰是次级消费者。它们围绕着食物发生了吃与被吃的联系	联系框图式板书		将青草、兔子、鹰用横线联系起来
	池塘系统中有大鱼、小鱼、河虾、硅藻(我们通常所说的河泥)	连线可用彩色粉笔		板书:大鱼、小鱼、河虾、硅藻
	哪位同学说说,它们围绕食物又会发生什么联系	提问技能	回答:大鱼吃小鱼,小鱼吃河虾,河虾吃硅藻	
3.0	对,就是俗话说的"大鱼吃小鱼,小鱼吃虾米、虾米吃河泥",也发生了吃与被吃的联系	联系框图式板书		将大鱼、小鱼、河虾、硅藻用横线联系起来
	大家看:生态系统中利用吃与被吃就将绿色植物所生产的能量通过一系列的生物依次传递。青草将能量传递给兔子,兔子将能量传递给鹰。硅藻将能量传递给河虾,河虾又传递给小鱼,小鱼又传递给大鱼。能量传递的途径就好像是一个食物的链条,这就是食物链	注意画箭头联系框图式板书,提纲式板书,简明地体现知识结构		将青草、兔子、鹰之间的横线添上箭头,将大鱼、小鱼、河虾、硅藻之间的横线添上箭头版书: 1.食物链:能量、传递、途径

续表

时间分配（分钟）	教师教学行为（讲解、提问、演示等）	教学技能构成要素	学生学习行为（预想回答）	教具准备板书计划
	但是情况就这么简单吗？在黑板上表示的这个生态系统中，假如闯进了一条蛇，请问现在这些动物围绕着食物又会发生什么变化呢？	提问，进一步引发学生思维	回答：蛇吃兔、老鹰吃蛇	
3.0	大家看，鹰不仅吃兔子，同时也吃蛇，蛇成为次级消费者，鹰又可成为三级消费者。兔子不仅成为鹰的爪下之物，同时也可被蛇所捕获。这就告诉我们：在一个生态系统中，消费者不只吃一种食物，而同一种食物又被不同的消费者所利用。通过这个例子表明：在一个生态系统中，可以有许多条食物链，这些食物链彼此联系，交错成网，形成复杂的食物网	提纲式板书，简明地体现知识结构	联想	板书：2.食物网
1.5	下面让我们一起看看温带森林中的食物网：果实、鼠、狐、狼组成一条食物链，果实、鼠、鹰组成另一条食物链，树皮、兔、狐、狼又组成另一条食物链，其他如鹿、貂、熊等动物又分别组成不同的食物链，多条食物链相互交织成网，形成温带森林中的食物网	讲解技能——逻辑思维的培养		放投影片：《温带森林中的食物网》
1.0	食物链和食物网揭示了生态系统中能量的传递途径。那么，在能量传递的过程中，能量本身又会发生什么样的变化呢？这就是我们将要研究的下一个问题			

（四）观摩示范

在进行训练之前，为了使被培训者对所培训的技能有所了解，指导教师要把培训的目标和要求具体化，通常利用文字材料、录像或角色扮演等方法对所要训练的技能进行示范，给他们树立鲜明的样板。示范的内容一般是课堂教学内容的一部分，也可以是一节课的全过程。示范如果采用录像的方法，要对示范的步骤进行说明。说明的方式要视具体条件而定，理想的方法是在录像带上作文字说明，便于学习者对某种教学技能的感知、理解和分析。也可在放录像时由指导教师随着示范的进程作现场指导说明，但这种说明要求及时准确、简单明了、恰到好处，不影响被培训者的观看学习。示范可以是正面的典型，也可以是负面的典型，或两种示范的混合使用，但不同的示范在培训中的应用方法是不同的。

（五）组建微格课堂

微格教学在专用的微格教室进行。微型课堂由扮演教师角色的人员（师范生或在职教师）、扮演学生角色的人员（被培训者的同学、同事或真实的学生）、评价人员（被培训者同学、同事或指导教师）、摄录操作人员（专业人员或被培训者同学、同事）和指导教师五部分人员组成。如果摄录操作人员由被培训者的同学、同事担任，必须经过事先培训。

二、微格教学的实施

微格教学是以微格教学理论为指导，以训练教学技能为目标的教学实践，其实施过程一般包括角色扮演、准确记录、效果反馈和重复练习四个步骤，见图1－1。

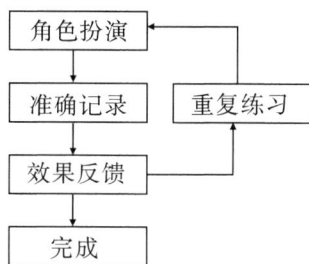

图 1-1　微格教学的实施过程

（一）角色扮演

在微格课堂上，各部分人员分工合作，密切配合，真实模拟课堂教学过程。被培训者上一节课的一部分内容，训练 1~2 种技能，时间为 10~15 分钟，先做一个简短说明以明确训练技能、教学内容、教学设计等，然后完成所准备内容的教学过程。

（二）准确记录

在进行角色扮演时，可用录音、录像等方法对扮演教师的教学行为和扮演学生的学习行为进行实况记录，以便能及时准确地进行反馈。记录的方法视培训所具备的条件而定，使用摄录设备记录效果最好，录音对语言技能的记录也很适用。没有摄录条件的可采用照相、文字记录等方法，但不如摄录真实、准确、生动。

（三）效果反馈

1. 播放录像

为及时获得反馈信息，角色扮演结束后要及时播放录像，教师扮演者、学生扮演者、评价人员和指导教师一起观看，以进一步观察被培训者达到培训目标的程度。

2. 自我评价

看完录像后，教师扮演者要进行自我分析，明确教学过程中是否达到了自己所设定的目标，所培训的教学技能是否掌握。

3. 小组评议

作为学生扮演者、评价人员、指导教师要从各自的角度来评议被培训者在微格教学过程中存在的问题,并提出改进的意见。

(四)重复练习

根据自我评价和小组评议中指出的问题,被培训者修改教案,再次进入角色扮演步骤,反馈评价方法与前相同。若第一次角色扮演比较成功,则可不进行重复练习,直接进行其他教学技能的训练。

被培训者的各种教学技能经过微格教学训练并达到一定水平以后,指导教师应安排被培训者进行各种技能的综合训练。在课堂教学过程中,各种技能是有机结合在一起的,任何单一的教学技能都不会单独存在。比如,训练导入技能,重点研究导入的方式、新旧知识的联系、情境的创设等问题,但导入过程必然用到语言技能,只是对这些技能暂不考虑,只重点考虑导入技能的应用情况。只有对被培训者的综合教学技能进行训练,才有可能形成教师的整体教学能力。

三、微格教学的评价

(一)评价指标

微格教学评价指标就是将每种教学技能的目标要求分解为多个评价指标,这些指标必须是具体的、可观察的、可比较的、易于操作的,并尽量注意各项指标之间的相互独立性。

微格教学评价指标见附表1。

(二)量化评价

在定性讨论评价的同时,也可以采用定量的评价方式,等级法就是微格教学的定量评价法。

各种教学技能的评价量表见附表2~附表10。

第四节　微格教学存在的问题与对策

一、微格教学存在的问题

在相关院校和研究人员不断地研究和探索下,微格教学在我国有了长足的发展。但是,微格教学的发展和应用仍有许多地方不尽如人意,存在着一些问题,主要表现如下:

(一)理论与实践脱节

实践离不开理论的指导,理论指导在微格教学实践中起着非常重要的作用。实践证明,与微格教学相关的教育学、心理学理论研究得越深入越系统,对微格教学的实践指导越有力。目前,由于对指导微格教学的教育学、心理学、系统论、信息论、控制论的理论研究不够,微格教学实践仅流于形式,起不到对师范生和在职教师教学技能培训的应有作用。

以提问技能为例,出色的提问可以引导学生去探索所要达到目标的途径,养成善于思考、会思考的习惯,具有激发学习动机、启发学生思维、提示学习重点、获得反馈信息、培养参与能力以及联系新旧知识点等作用。但是,在微格教学实践中,由于教师过多地注重提问的程序化,对提问的理论研究不够重视,如很多师范生在微格教学中对提问期待时间掌握不好,多数情况下,教师留给学生组织答案的时间过少,使学生失去使思路趋于完善的机会。如果将期待时间适当延长,哪怕是3~5秒,提问的效果会好得多。桑德通过研究,将适当延长期待时间的优点归纳为孩子们的回答时间延长了,主动回答的数量增加了,创造性思维的影响增加了,有了更多的互动,教师的中心地位减少了等12个优点。如果对这一理论有所了解,那么对微格教学的实践将起到更加重要的指导作用。

教育教学理论在不断地完善和发展,只有不断地学习新理论,用新理论、新方法指导和改进微格教学实践,才能使微格教学取得更好的应用效果。

(二)单纯模仿,缺乏创新

在一些高师院校的微格教学实践中,常常存在着师范生只进行微格教学训练,却不进行微格教学理论的学习。很多学生在进微格教室前对微格教学一无所知,把微格教学和基础教学混为一谈,认为微格教学只是基础教学中一种特殊的教学方法,就是准备教案到讲台上讲几分钟,然后再观看录像,由指导教师和同学进行简单评述。这样并没有真正发挥微格教学的作用,更谈不上如何去辅助教学,只是为了微格教学而微格教学。有些微格教学指导老师也只了解本专业课堂技能训练的传统方法,对微格教学知之甚少。

为了充分发挥微格教学的功效,提高师范生的教学基本技能,微格教学指导老师不仅要了解微格教学的基本理论、基本程序及步骤,还要熟知以教育学、心理学等为理论基础,结合学科的教材教法,借助现代教学技术手段对师范生进行专项技能训练的方法,且不能单纯模仿,要有所创新。

(三)课程教学安排不合理

微格教学用于师范生教学基本技能训练,一般安排在教育实习之前的几周内进行。由于时间少而相对集中,学生不仅要接受微格教学理论的学习,还要进行微格教学的实践,学生的基本教学技能训练质量难以得到保证。

因此,改革微格教学尤为重要,可以考虑将微格教学引入教育学课程实践环节,也可以在学科教材教法中进行微格教学培训,还可以考虑在专业课程教学中尝试微格教学,增加师范生训练教学基本技能的机会。另外,对微格教室应实行常年全天候开放,集中安排使用和自由申请使用相结合,让学生可以充分利用课余时间进行微格教学训练,使微格教学实验室成为师范生训练教学基本技能的校内实训基地。

（四）忽视多媒体教学技术的应用

随着多媒体教学技术的发展，多媒体技术在教学中的应用越来越普及，会使用多媒体进行教学已经成为教学的必备技能。由于对多媒体技术的应用重视不够，忽视网络资源利用和多媒体课件制作技能培训，导致师范生进入教学岗位后不能尽快满足新的需要，造成理论学习与现实需求的严重脱节。

因此，微格教学必须加大多媒体技术在教学技能训练中的研究力度，并将研究成果应用于微格教学实践，使师范毕业生更好地掌握先进的多媒体教学技术。

（五）变量控制过于随意

微格教学训练中，如果把训练者和合作者视为常量，那么训练者选择的教学内容，选用的教学方法、策略，使用的教学媒体均可视为变量。实际操作中，对于这些变量往往缺乏组织层面上的控制，训练者常会"弃难从易、弃繁就简、弃新从旧"地对变量做出选择，带有很大的随意性。

因此，要加强和改进对微格教学的管理，制订科学合理的微格教学训练计划和质量评价体系，规范微格课堂教学程序，确保各种教学基本技能的训练质量。

二、改进和完善微格教学的策略

基础教育课程改革给高师院校的微格教学和师范生从教技能的培训提出了新的要求，信息技术的发展也给微格教学带来了机遇和挑战。传统的微格教学的培训模式存在着种种不足，有必要对其进行适当的改进和完善。

（一）调整微格教学课程设置

实践离不开理论的指导。在传统的微格教学实践中，存在着重视教学技能训练,轻视微格教学相关理论学习的倾向。很多院校将微格教学当做实验课程,作为学科教学论的辅助课程,对微格教学的教育学、心理学理论缺乏足够的学习,对运用微格教学培训教学技能的相关理论也没有讲解。由于缺乏理论指导,导致师范生进行微格教学培训时无据可依,为微格教学而微格教学,结果是只得其形未得其神。

因此,有必要对微格教学课程设置进行适当调整,单独开设微格教学课程,先进行微格教学理论的学习,再进入微格教学实践阶段。在进行微格教学理论学习的同时,加强学生对新课程改革理论的了解和学习,引导学生学习、掌握符合新课程理念的教学技能,为即将开展的基础教学工作打好坚实的基础。

(二) 完善微格教学的实施模式

运用微格教学训练师范生的教学技能是一项系统工程,任何教学过程都不可能靠单一的教学技能来完成。所以,有必要在训练时对传统的训练方式进行改进,应采取多种训练方式,根据学生的知识、能力和所训练的教学技能的难易程度,对教学技能的项目进行动态组合,并根据学生人数和学时安排,确定训练项目和每个项目所包含的教学技能。在进行微格教学综合训练前,要求学生进行单项技能自我训练,为整合后的技能训练做好准备。技能训练的时间也应根据实际情况进行规划和安排,以起到良好的效果。但应该注意每个训练项目所包含的教学技能不能太多,应为 1~3 项,否则不能保证训练效果。

合作学习是课程改革大力提倡的一种学习方式,应改变师范生在微格教学阶段单打独斗的模式,将学生分为若干小组进行集体教学,在此过程中进行讨论和研究,以培养学生合作探究的意识。

掌握教学技能需要大量的实践,但微格教学的学时远远不能满足师范生掌握教学技能的要求,所以有必要延长微格教学训练的时间。但受限于教学计划安排的学时少等实际情况,最好的办法就是对微格教室进行开放管理,允许学生在教学计划安排的课程外,自主进行技能训练。微格教学设备的发展也使自主进行技能训练变为现实,现在的仪器可以将学生的微格教学过程直接通过电脑录制成电子视频文件,可随意进行复制、删除、转移,极大地降低了教学成本,使学生自我学习、自我训练、自我评价变得简单易行。

(三)给传统的从教技能培训注入新的内容

在进行师范生从教技能培训改革时,不能完全抛弃传统的技能培训方法,必须给这些传统的方法注入新的内容,才能适应新课程改革的要求。例如,传统的"板书板画技能"就需要新添电子教案和多媒体课件编写制作技能,运用多媒体辅助教学,可以大大减少不必要的课堂教学时间。又如,传统的"演示技能"中可以利用 Flash 动画将演示实验形象逼真地演示出来,如"物质进出细胞膜的方式"等实验,利用 Flash 动画可以使传统教学方法无法观察的生理现象直观地表示出来,利于学生们的观察和感知。

给师范生从教技能培训不断注入新的内容,既是形势发展的要求,也是保证师范毕业生到工作岗位上能迅速进入角色的有效途径。

(四)拓展师范生从教技能培训空间

为适应教育现代化和信息化对教师现代教育意识和现代教学技能的要求,拓展师范生从教技能培训空间,各高师院校不断加大信息化教学设施的软硬件建设,特别是校园网络的开通,为建设师范生从教技能培训网站提供了物质基础。

师范生从教技能培训网站应设置以下几个基本栏目:

【新闻与课程改革】了解教育动态及课程改革的背景、发展和内容。

【教师素质论坛】精选教师教育文件、论文,让学生全面了解教师为人师表、教书育人的规范和要求。

【教学案例】精选教材、试题和优秀教案,为学生编制教案提供参考。

【课件与视频】精选优秀教学课件及名师教学录像,供学生观摩、学习和使用。

【评价与互动】学生的训练视频可以上传到数据中心,学生不仅可以对自己的录像进行自评,还能对其他学生的表现进行评价,同时专家也可以对学生的录像提出自己的看法,和学生互动。

【教学经验交流】为师生互动、交流提供一个平台。

利用师范生从教技能培训网站,学生不仅可以在任何能上网的时间和地点观摩、学习,也可以随时下载、上传教学录像,开展学习和交流,从而扩大了培训的空间、拓展了培训的时间、提高了培训的效果。运用信息技术手段开展师范生从教技能培训还有利于学生掌握和运用各种信息技术。评议人员也不必每次都到培训场所,只需通过网络对学生的培训进行评价反馈,从而提高了工作效率。

师范生从教技能培训网站的建设,将会大大拓展微格教学的培训空间,是对传统微格教学方法的补充和创新,必将促进师范生从教技能培训工作的改革和发展。

第二章　中学生物教学技能实训

教学作为一门艺术,其过程错综复杂而有条不紊,教师的教学行为多种多样而有机组合。本章联系中学生物教学实际,系统介绍中学生物教学的备课技能、课堂教学技能及说课技能的规范要求,帮助师范生借助自我练习、模拟训练或微格教学手段,对这些教学技能进行逐一训练。每种技能都掌握了以后,再把各种技能综合起来,就形成了中学生物教学的综合能力。

第一节　中学生物教学之备课技能实训

在生物教学论课上,我们学习了生物学教学的基本技能,并进行了自我模拟训练。掌握了这些基本技能,就可以尝试着上一节完整的课了。怎样准备上课呢? 这就是本节要学习的内容——中学生物教学之备课技能实训。

上好一节课不是偶然的,它在很大程度上取决于教师的备课。"一分耕耘,一分收获",教师在备课上多花一分精力,在教学里就会多一分效果。一位优秀的中学生物教师,他的教学新意迭现、鲜活生动,细细品味之后就会发现这一切都在情理之中。为什么会有如此好的效果? 除了因为他具有深厚的学术修养之外,还因为他大都是"功夫在课前"——在课前做了大量的准备工作。

什么是备课? 从广义上来说,教师在教学前所做的一切准备工作都是备课,如编写单元教学计划、课时教学计划等都属于备课的范畴。虽然备课工作从制订课程计划、学期教学计划及学年教学计划等就已经开始了,可人们还是习惯将课时教学计划称之为备课,这就是狭义的备课。备课的主要内容包括备目标、备内容、备学生及备方法等,见图 2－1。

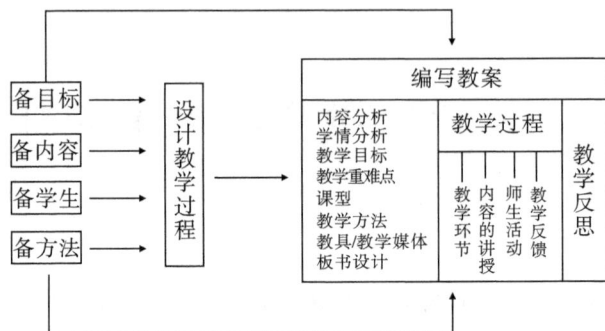

图 2－1　备课的主要内容和程序

一、备目标

中学生物的"课程标准"对教师全面了解中学生物教学的基本要求,明确每堂课的教学目标有十分重要的指导作用。教师备课的真正目标就是让学生达到"课程标准"中所规定的基本素质要求。

(一)课程目标的三个层次

在谈到课程目标或教学目标时,经常会说:"通过本节课的学习,使学生理解……掌握……识记……",实际上这是指一节课的教学目标。根据课程标准,课程目标有三个层次。以前对此区分得不是特别清楚,影响到了课程和教学的设计。

1.课程的总体目标

国家规定的基础教育培养的总目标,是最高层次的目标。这是第一层次的目标,要被分解到不同学科中去实现,并由学科专家制定出学科目标及不同学段(初中、高中)的课程目标。

2.学科课程目标

学科专家根据最高层次的目标,制定各个学科的课程目标。这是第二层次的目标。在各科制定的课程标准中的课程目标就属于这一层次的目标,如生物学课程目标。

3. 教学目标

生物教师在教学过程中,要将本学段的课程目标分解成单元(或章)目标、课时目标,这是第三层次的目标。这是一个将宏观目标转化为具体目标的过程,并最终把它们落实到每一节的教学之中。

以上是课程目标的三个层次,从上往下实际上就是将课程目标不断具体化的过程。第一层次的目标,教育学上已经学过了。第二层次的目标是学科专家制定的,也就是课程标准中所列的目标,要求教师熟记、理解,还要不断地揣摩,不断地发现,不断地领悟,这一工作要很长时间才能完成。第三层次的目标是教师在教学过程中制定的,是课程目标创造性的实施过程,习惯称其为教学目标,即教师希望学生从该学科的每堂课中学到的东西。简言之,就是学生认识了什么、记住了什么、理解了什么,利用这节课所学的知识、技能能解决什么问题。

(二)课程目标的三个维度

上述课程目标的三个层次,是从垂直的方向来进行划分的。如果从水平方向上划分,课程目标可分为三个维度:知识与能力目标、过程与方法目标和情感态度与价值观目标。课程目标的三个层次都包含这三个维度。

1. 知识与能力目标

例如,《初中生物新课程标准》总目标第 1 条是对课程中"知识与能力"的具体规定,是"知识与能力"教学的基本依据。要深入钻研新课标,了解新课标中的"知识与能力"的要求与旧大纲比较有什么变化,从而正确把握新课程"知识与能力"的要求。以初中生物为例,如知识目标,旧大纲要求"初步获得生物的生活习性、形态结构、生理功能、分类、遗传、进化和生态等基础知识",体现的是完整的生物知识体系;新课标则综合考虑学生的需要、社会的需求和生物科学发展三个方面,选取了十个主题,强调学生知道生物科学技术在生活、生产和社会发展中的应用及其可能产生的影响等,这是旧大纲所没有的。

2. 过程与方法目标

《初中生物新课程标准》总目标第 2 条是有关"过程与方法"的要求,倡导探究性学习,强调在实践过程中学习。过程重在亲历,"观察与思考""资料分析""探究""实验""课外实践"等,都要让学生亲历过程,在过程中学习,使学习过程成为学生生活的一部分。例如,"探究光对鼠妇生活的影响"实验中,放手让学生去捕抓。在捕抓过程中,学生就会发现在石块下、花盆下等阴暗潮湿的地方能找到小鼠妇。有了这样的亲历过程,学生们就能隐约地体会到小鼠妇不喜欢光,便为进一步探究做好铺垫。再如,生物技术中的嫁接,掌握方法后,就让学生亲自动手,其中有的学生把黄色的月季嫁接到了白色月季上,结果得到了一盆双色的月季,不但掌握了嫁接的技术,还真切地体会到嫁接后体现的是接穗的特点。方法应是具体的,而不是抽象的,应伴随着知识的学习、技能的训练、情感的体验,而不能游离其外。应视学习内容、学生情况,采取恰当的方法,如观察法、实验法、实践法等。

3. 情感态度与价值观目标

"情感态度与价值观"目标体现的是生物教学的人文性,强调的是给学生广博的意识浸染,内涵比起旧大纲"思想感情"目标要丰富、深刻得多。《初中生物新课程标准》总目标3~4条是对"情感态度与价值观"的具体要求,涵盖传统的思想教育的精华,以及生命意识,时代意识,多元文化,创新精神,生物学习兴趣,信心、习惯的培养和学生主人公责任感、使命感的增强。例如,"生物圈是最大的生态系统"一节中,在学生了解了多种多样的生态系统后发现,生物圈是最大的生态系统,要让学生知道人类对生物圈的破坏,启发学生谈危害、想办法,使学生从小形成人与自然和谐发展的意识,陶冶学生热爱生命、热爱生物圈的情操。

通过上面的分析,不难看出,制定具体的课时教学目标必须要依据"课程标准",并充分考虑到具体教学任务和内容的特点,还要根据学生特点和可利用的课程资源,制定具体的、切合实际的教学目标。

(三)备目标的基本要求

1. 目标要全面

备目标要反映教育对人全面发展的要求,不仅要有对学生知识性目标的要求,还要重视学生操作、能力、情感、态度、意识等方面的发展要求。反映在具体的教学目标上,一般有三个方面:知识与能力目标、过程与方法目标、情感态度与价值观目标,即教学目标的三个维度,不要局限于某个维度。

过去,教学目标过于偏重知识与能力目标,相对忽视过程与方法目标和情感态度与价值观目标,新课标要求注重三者的均衡发展。

2. 目标要明确

明确的教学目标必须具备两点:一要能表明教师可观察到的学生的学习结果,即预期学生学习之后将产生的可观察、可测量的行为变化;二要能体现教学目标的"四要素":①行为主体必须是学生而不是教师;②行为动词必须是可测量、可评价、具体而明确的,否则就无法评价;③行为条件是指影响学生学习结果的特定的限制或范围,为评价提供参照的依据;④表现程度指学生学习之后预期达到的表现水准,用以评量学习表现或学习结果所达到的程度。

3. 目标难度要适中

目标定得太高,学生经过努力达不到,会使学生产生畏惧心理;目标定得太低,学生不需要花费多少意志和努力就能达到,对学生起不到发展的作用,久而久之,学生会失去学习的兴趣。因此,必须根据具体情况,确定适宜的目标难度。

二、备内容

教师在备课时要认真挖掘教材的内容,力图呈现丰富多彩的感知材料,给不同层次的学生都留出一定的思维空间。具体做法如下:

(一)从整体上领会教材的设计思路

《初中生物新课程标准》的课程理念是:提高生物科学素养,面向全体学生,倡导探究性学习,注重与现实生活的联系。新课程充分考虑了学生的发展、社会的需求和生物科学的发展等方面,打破了原有的以知识为中心的学科体系。在初中以"人与生物圈"和谐发展为重点,构建起以"人与生物圈"为主线的课程体系。高中则以模块为基础,精选和突出若干内容,确立以"生物科学素养"为主线的课程体系。

(二)从结构上分析教材的教学主线

教学主线由知识结构的主线和教学目标的主线共同组成。理清教学主线,有利于增强教学的计划性、有序性和整体性,从而为确定教学的起点、程序和策略提供依据。

(三)从内容上分析教材的逻辑系统

分析教材的逻辑系统就是教师帮助学生理清知识之间的纵横关系,以及内容的逻辑结构与学生认知结构之间的关系,以便学生将新学知识纳入原有的知识结构中去。知识的逻辑系统一般从三个层面进行分析:要素分析、层次分析和网络分析。

(四)从学生的学习需要上分析教学的重点和难点

在一节课中,教学的重点是指最主要、最本质、带有主导作用的关键性知识。重点知识一般与相关的学习活动相匹配,因而许多学习活动也往往是教学的重点,如实验、探究等。

教学难点是根据学生对知识理解的容易与否以及学习活动的难易程度而确定的。所以,重点、难点不是一回事,重点不一定难,难点也不一定很重要,但有时二者也会重叠,重点也是难点。确定难点一般从知识的深度、学生的接受能力和学生的活动能力三方面考虑。如:由于知识抽象而学生缺少感性认识造成的难点,这是由知识的深度决定的;由于知识深奥而学生缺乏阶梯性知识造成的难点,这也是由知识的深度决定的;由于知识过于陌生而学生缺乏知识准备造成的难点,这不是由于知识本身太难了,而是由于学生知识储备不足造成的;由于探究活动中经验缺乏、思路狭窄、意志软弱等造成的难点,这是由学生的活动能力决定的。

(五)分析教材联系实际的因素

当今生物学教育强调"科学为大众",高中新课程还有一个新的课程理念:"注重与现实生活的联系"。教学中,从学生身边的问题引入科学,可以使学生意识到生物学知识是与个人生活和社会生活密切联系的,并使他们感受到自己正在学着有用的知识,从而提高学生的学习兴趣。生物学教学联系实际的因素很多,如联系大自然实际、联系日常生活实际、联系工农业生产实际、联系自身发育实际、联系社会问题实际等。

三、备学生

备学生,就是以学生为本,了解学生的情况,从学生的需要、经验、兴趣爱好出发,贴近学生的生活实际,创设问题情境,引导学生探究学习、体验学习。例如,教师事先考虑学生在什么地方容易犯错或可能犯错,这就是备学生;学生在某个地方可能会有疑问,这是备学生;针对教师的提问,学生可能出现的答案,这也是备学生。教学实践证明,教师对自己学生了解得越充分、越细致、越有针对性,教学效果就会越好。备学生一般包括以下内容:

(一)了解学生接受新学习任务前的准备状态

在教学活动开始前,教师要了解学生在认知、技能和心理等方面的现有状态,这是学生掌握新学习任务的起点水平或前提条件。由于生物学教学带有很强的连续性,而学生学习心理的发展又往往建立在"累积学习"的基础上,只有从了解学生现有的状态出发,教师才能更有效地确定新学习任务的起点、范围、性质、重点、难点。同时,这样做还可以减少教学中的"无效劳动",提高教学实效。

(二)了解学生对新学习任务是否有所涉猎

了解学生对新学习任务的熟悉度,关系教学活动的设计。如"探究光对鼠妇生活的影响"实验中,老师先要了解学生对这种小动物的熟悉程度,然后再设计探究活动。再如,在学习"生物的遗传和变异"时,也要先了解学生对本章内容的熟悉度。这一章涉及许多热点问题,如转基因生物与药品、人类基因组计划、杂交育种(袁隆平的杂交水稻)、人类的一些遗传病等,现在的学生已经能从很多渠道获得这些知识。

(三)了解学生对学习新任务的情感态度

了解学生的学习愿望、毅力、动机、兴趣等,深入学生的心理领域,有利于教师找到学生学习困难的根源,有针对性地制定教学策略,提高教学效率。

（四）了解学生对学习新任务的自我监控能力

了解学生的学习习惯、方法、策略等行为倾向，有利于教师备课时将"学法"考虑在内，并力求渗透到教学中去，观察学生学习行为的变化。教师只有清楚了学生在学习过程"应该做什么""能够做什么""怎样做"和"做得怎么样"，才能有效地设计教学过程。

四、备方法

不同的教学方法有各自的优点、不足及适用的范围，且彼此相互渗透、相互作用。苏联教育家巴班斯基提出了教学最优化原理，要求教师根据相应教学阶段的任务、教材内容特点、学生的学习特点以及教师运用各种教学方法的可能性来选择教学方法，并对教学方法进行最优组合，综合运用。

那么，选择和优化教学方法的依据有哪些呢？

（一）依据教学目标与任务

依据教学目标选择教学方法，主要是看目标的内容和层次。不同层次教学目标的有效达成，要借助于相应的教学方法和技术。对教学方法选择的指导性因素应是具体的教学目标。如果教学目标是了解、理解级的目标，运用指导阅读法、教授法、练习法、演示法是比较合适的；如果教学目标是应用级的目标，则可考虑练习法、演绎法、问题解决法等；如果教学目标要求熟练掌握某种操作技能，则可以采用演示法、实验法、练习法等；如果是培养学生情感态度与价值观方面的教学目标，在运用讲授法的同时，结合探究法、发现法、情境教学法就更合适。

（二）依据教学内容与特点

在生物学教学活动中，教学方法与教学内容有着一定的统一性。教学方法总是伴随着特定的教学内容，相同的教学内容，如果采用不同的教学方法，可能会出现不同的教学效果。如：涉及生命特征和过程的知识内容，教师若采取直观的、联系学生实际的、让学生动手实践的方法，则教学效果一般比教师讲授、学生阅读的教学方法要好一些。

另外,生物学教学的不同阶段、不同单元、不同课时的内容,要求教学方法要具有多样性和灵活性。对理论性较强的知识内容,可多采用启发性较强的讲授方式,并穿插使用类比、归纳、演示等逻辑方法;对事实性较强的知识内容,可通过实验演示、实物模型展示等直观手段,并配以图表,通过归纳、比较、联系等形式强化记忆。

(三)依据学生的身心发展状况

学生的身心发展状况,主要是指学生现有的知识水平、智力发展水平、学习动机状态、年龄发展阶段的心理特征、认知方式与学习习惯等因素,直接制约着教师对教学方法的选择。教师在教学设计过程中,要科学准确地研究分析学生的身心特点,有针对性地选择相应的教学方法。例如,高中阶段是学生逻辑思维发展趋于初步定型的时期,在概括能力、空间想象能力和推理能力等方面开始出现质的飞跃,可以适当增加理论讲授的比例,也可以采用体现学生独立发现和创新思维的方法,如讨论法、问题解决法、发现法等。再如,当教学中发现新旧知识因衔接不良而难以迁移时,应多用归纳法和练习法等进行复习,同时辅以口头检查、书面检查、补充实验等形式,弥补原来的知识断层。

(四)依据教师的自身素质

教师素质在教学活动中主要表现在教师的语言与表达能力、思维品质、教学技能、个性与特长、教学艺术与风格特征、教学组织与调控能力等方面。任何一种教学方法,只有与教师的素质条件相适应,并能为教师充分理解和把握,才有可能在实际教学活动中有效地发挥功能与作用。教师选择教学方法,在充分考虑以上因素的同时,还应当根据自己的优势,扬长避短,选择最适合自己的教学方法。巴班斯基认为,教学的方法和形式,具有一定的补偿性,因而同一种任务、同一部分教学内容可用不同的方法和形式来解决。这往往要靠教师发挥长处,根据自己的特长选用某些方法。例如,在启发式教学前提下,善于表达的教师,可以通过生动形象的语言引出教学内容;善于动手实验的老师,可以设计一些精巧的小实验,既活跃课堂教学气氛,又能从实验现象的分析、推理中解决教学的重点;善于绘画的教师,则可利用形象逼真的板画,勾画出所要认识的生物的特征,为学生的感知提供间接的条件。

(五)依据教学环境条件

教学环境条件主要是指教学设备(信息技术、仪器设备、图书资料等)、教学空间(教室、实验室、生物园地等)和教学时间条件。教学环境的优劣,对教学方法功能的发挥也有着一定的影响。特别是现代信息技术的运用,进一步拓宽了教学方法的功能。

总之,每一种方法都有自己的特点和功能,没有一种所谓绝对好的方法,也没有一种绝对坏的方法。在实际运用教学方法时,应对各种因素全面考虑,或以某种教学方法为主,辅以其他教学方法,或是多种教学方法综合运用。只要能促进学生的发展,能够达到教学目的,这种方法就是有效的教学方法。我们要依据以上各种因素,使各种教学方法优化组合,达到最佳的教学效果。

五、设计教学过程

生物学教学过程,即生物学教学的实施过程。在这个过程中,多种教学变量(教学目标、教学方法、教学内容、教学途径、教学策略、教学媒体、教学环境、教学时间、老师、学生等)相互作用、相互影响,进而影响了整个教学的进程和结果。教学过程的设计就是对教学操作程序、策略、媒体、环境、时间等教学变量做出具体的安排。

(一)设计教学过程的程序

所谓教学过程(也叫教学步骤),即教学内容的程序和呈现方式。如怎样导入、怎样中心授课、怎样结束(程序),哪一部分讲解、哪一部分讲述、哪一部分演示、哪一部分让学生自己操作、什么地方提问、什么内容讨论、什么时间练习、哪些需要板书、哪些地方需用教学媒介等(呈现方式),要有一个周密有序的安排,这就是教学过程。

"血液循环"教学过程设计

【导入】播放"血液循环"Flash 动画,采取设疑导入的方法引出新课:血液在体内是如何流动的? 动脉血和静脉血是如何转换的? 这样既向学生提出了本节课的主要内容,又利用中学生的好奇心理引起他们对新课内容的关注,顺势引出血液循环的概念。

【重点、难点的处理】

血液循环的途径和血液成分的变化

血液循环的途径和血液成分的变化是本节课的重点和难点。因此,把主要时间和精力放在这部分内容上,总体思路是先体循环后肺循环(但要强调两大循环同时进行),从起点到终点详细讲解,中间贯穿血液成分的变化。为了突破重点和难点,采取以下 5 个步骤:

(1)讲解:利用彩色挂图、活动挂图等直观教具,形象地讲解血液循环的过程和成分变化,符合直观性原则。

展示血液循环的演示板书。

(2)表解:边讲边用彩色粉笔表解血液循环的过程和变化,红色代表动脉血,蓝色代表静脉血,并用箭头表明循环的方向。

图解血液循环的过程和变化。

展示动脉血与静脉血的区别。

(3)归纳启发:让学生概括体循环和肺循环的概念,总结归纳两大循环途径的相关点和区别(见下表),符合启发性原则。

四个相关点	四个区别
起点在心室,终点在心房; 通过循环,血液成分发生变化; 两者在心脏汇合,动力都来自心室收缩; 两者同时进行,互为基础	起自不同心室,终至不同心房; 循环途径长短不同; 血液成分变化不同,颜色不同; 循环的意义不同

(4)指导阅读:指导学生阅读课文,观察课本中的插图(血液循环模式图、心脏内部血流图),同时在书中画出体循环和肺循环的途径并朗读。

(5)强化练习:根据艾宾浩斯遗忘曲线,为了强化学生对这部分知识的理解和记忆,出示小黑板上的血液循环图解,请学生在上面标出血液循环的方向,并用彩色粉笔标出血液成分的变化。

通过上述步骤,由易到难,由浅入深,循序渐进地实现对本节课重点和难点的突破。

【非重点的处理】其他三项内容(血压、脉搏和出血的护理)采用演示、举例、操作练习等手段简单讲解。

1. 血压

血压虽不是重点,但却是难点之一,主要是学生对舒张压不容易理解,可以用一个模拟装置演示:将充气的长形气球和圆形气球用一段硬质管子连在一起,挤压、放松圆气球,模拟收缩压的形成。然后介绍高血压和低血压的知识,并举例说明。

(1)测量血压。

(2)判断血压的高低。

2. 脉搏

脉搏的概念同样采用模拟装置演示讲解,并让学生自测桡动脉脉搏,启发学生理解脉搏与心率的关系。介绍我国传统的切脉诊病原理,进行热爱中国传统文化教育。

3. 出血的初步护理

对于出血的初步护理,主要是启发学生如何判断静脉出血和动脉出血,静脉血和动脉血的流向和止血位置,并让学生相互演示止血操作方法,培养学生的动手能力,这符合理论联系实际的原则。

【结束新课】至此,本节课的内容讲解完毕。为了培养学生的开放性思维,并为下节课的学习作好铺垫,设计一个开放性结语:血液循环是人体维持生命的最基本的生理活动,但除了血液循环之外,人体还有一个重要的循环体系——淋巴循环,有关淋巴循环的内容我们将在下节课介绍。

【练习与反馈】新课讲完后,接下来重温本节课的重点内容,启发学生完成"动动脑"中的思考题"下肢骨骼肌产生的二氧化碳是如何通过肺部排出体外的?"既完成了知识的迁移,又达到了学以致用的教学目的,符合理论联系实际的原则和发展性原则。最后布置作业。

【板书设计】

一、血液循环的途径和血液成分的变化

1. 血液循环的途径(图示)

2. 体循环与肺循环

3. 血液成分的变化——静脉血与动脉血

动脉血	静脉血
含氧多,颜色鲜红;运输氧气、营养	含氧少,颜色暗红;运输二氧化碳、废物

二、血压

1. 测量血压

2. 血压的高低

三、脉搏

四、出血的护理

(二)确定教学措施

衡量一个教学方案的优劣,除了看教学程序是否合理外,还要看它的教学措施是否具体、是否可行。为此,教学措施的确定必须注意以下几点:

1. **互动性**

具体的教学措施不是仅仅描述教师的活动,而是描述教师与学生、学生与学生之间的互动方案,教师的活动应围绕学生的活动而展开,体现出学生的主体性与教师的主导性。

2. **动态性**

真正有效的措施是在教学事实过程中完成的,因而教学措施的设计应是动态的设计,不仅要表现出"做什么",还要表现出"怎么做"。

3. **应变性**

课堂上有很多不确定性的因素,需要我们做出应变的准备,所以应准备多种措施。

4. **具体性**

教学过程的设计除了对整堂课通盘考虑外,还应对每一堂课的具体教学事件加以考虑。下面列举了一组常规教学事件及教学措施(表2-1),供参考。

表2-1　常规教学事件及教学措施

教学事件	教学措施
课前学生应做的准备	是否需要?怎样布置?提出什么要求?
已学知识和技能	是否需要复习?怎样复习?
导言启动新课	设计什么样的导言?
内容的逻辑顺序	怎样安排?是否符学生的认知规律?
知识间的衔接过渡	设计什么样的转折语言?以什么形式处理?
教学重点和难点	用什么方法突出重点、突破难点?
联系实际	联系哪方面的实际?举哪些例子?
教　具	需要哪一种或几种?怎样选择和组合?何时使用哪种?
教师提问	设计什么样的问题?何时提问?提问后怎样处理?
学生质疑	是否给了机会?可能提出些什么问题?能做些什么准备?
多边活动	怎样使学生参与?怎样组织师生、生生交往?怎样调控?
插入练习和测验	何时进行教学反馈?怎样处理教学反馈信息?
能力培养和思想教育	有哪些考虑?采取什么措施?怎样渗透?
教学技巧	在哪些方面体现?怎样体现?
复　习	复习什么?采取什么样的形式?
检测目标	采取什么样的形式?怎样根据达标度进行调整?
结　束	设计什么样的结课语或结课形式?
教学时间	怎样进行时间分配?怎样提高有效学习时间?

(三)安排教学时间

教学时间是影响教学活动的一个重要因素,也是一种重要的教学资源。合理分配、运用教学时间,注重教学时间效益,是备课的一项不可缺少的内容。对教学时间的设计主要考虑以下几个方面:

1. 整体时间分配

新学期开始的备课,应规划好一学期教学时间的分配,即制定出学期教学计划。忽视这一点,就会加大教学时间使用的随意性,势必会造成一学期的前紧后松或前松后紧,甚至完不成教学任务。

2. 课时分配

课时是指连续教学的时间单位。课时分配的任务主要是保证在各个教学环节的单位时间内完成相应的教学任务。

3. 保证学生实际学习时间

实际学习时间是指每个学生实际接受的有效学习时间。有关研究表明,学生的学习成绩受出勤天数、旷课和迟到早退等因素的影响,而在实际的教学中可通过加强管理来提高出勤率。

4. 增加学生专注学习的时间

在课堂教学中,并不是所有的学生都在始终如一地专注学习,不同学生在一节课的不同阶段专注度是不一样的。备课时可考虑采取一定的策略维持学生的注意力,还可根据学生的学习心理、生理的周期变化合理设计教学时间。

5. 防止教学时间的遗失

教学时间的遗失是由于受到外界干扰或教师对教学处理不当造成的。如课堂的偶发事件引起的教学中断,教师说许多与教学无关的话,放任自流地让学生自习等。

六、编写教案

教案是具体的教学实施方案,是教师上课的主要依据。编写教案是备课工作的最后一步。初步撰写的教案,至少要留一周的时间供自己揣摩、修改、充实和完备,所以,它最晚也需在上课前一周完成。只有提前完成教案,才会有时间修改和补充教案,才能更加主动地完成教学工作。

(一)教案的内容要点

1. 班级、课题和教学日期

2. 教材分析

3.教学目标

4.课型和教学方法

5.实验用品和教学媒体的选择

6.重点和难点

7.板书提纲

8.教学过程

9.主要参考资料(以便日后总结查阅)

10.教学后记(上课以后,反思一下这堂课的效果,有哪些优点和不足、怎样进行改进等,然后补充到教案中,促进业务素质的提高。)

(二)教案的编写格式

教案的编写格式,不拘一格,以切实可用、服务于教学为准则。常用的格式有三种:文字式、表格式和程序式。

1.文字式教案

文字式教案包括脚本式的详案和提纲式的简案。详案要求面面俱到,有的甚至详细到"讲稿"的程度,实习生和新教师常常采用这种教案,它的优点是考虑细密周到,不至于临场遗忘;不足是工作量太大,且有碍于当堂灵活运用。一般来说,新教师都要经历这样一个过程,有经验的教师常采用简案。

"新陈代谢与酶"详细教案

一、教学目标

(一)知识目标

(1)理解新陈代谢、同化作用、异化作用的概念及其相互关系;

(2)理解酶在新陈代谢中的作用,掌握酶的作用特性;

(3)理解ATP在新陈代谢中的作用以及ATP的分子结构简式,初步掌握ATP与ADP之间的相互转变关系。

(二)能力培养目标

(1)通过同化作用与异化作用及物质代谢与能量代谢相互关系的学习,培养学生的辩证思维能力;

(2)通过教材中的实验演示,培养学生的观察分析能力;

（3）通过课后练习——"温度等对酶催化作用的影响的实验设计"，培养学生的创新思维能力；

（4）本节的学习主要采用自学辅导法，培养学生的自学能力；

（5）通过对酶的催化演示实验的学习，教会学生掌握对比实验法。通过酶与化学催化剂，ATP、ADP 的转变与化学上的可逆反应的比较、分析，教会学生使用比较、分析的学习方法。

（三）情感态度及价值观目标

结合对新陈代谢概念的学习，加深对生命本质的科学认识，从而对学生进行辩证唯物主义思想的教育。

二、教材分析与学情分析

1. 重点

（1）理解新陈代谢是生命物体特有的运动形式，是生物的基本特征；

（2）理解并初步掌握酶、ATP 与新陈代谢的重要关系。

2. 难点

（1）同化作用与异化作用之间的相互转变；

（2）ATP 与 ADP 之间的相互转变。

3. 学生可能有的疑点

（1）新陈代谢是否有别于其他的物理、化学等运动形式？

（2）ATP 与 ADP 是否具有相互转变的"可逆性"？

4. 解决办法

（1）由于学生在初中阶段已经学习过新陈代谢的概念，但并不深入，因此，在学习本节内容时，应把生物体所特有的运动形式与非生物体的运动形式进行对比思考，重点理解"新"与"陈"的代谢是生物体的自我更新，对代谢的概念还应由宏观性代谢过程的描述转向微观化学反应的认识上。

（2）通过 ATP 与 ADP 的"可逆性"转变与化学上可逆性反应的比较分析，促使学生发现这两个"可逆性"的差异。

三、课时安排

1 课时。

四、教学方法

自学辅导法。

五、教具准备

准备小麦淀粉酶催化作用的演示实验。

六、学生活动设计

(1)由于高中学生已有一定的学习能力,又由于新陈代谢、酶这两个知识点在初中学习过,所以,引入后首先让学生结合提问进行自学。

(2)由于知识的学习是一个新旧知识的双向建构过程,故在各知识点教学中要求学生列举以前学习过的知识来学习和建构新内容。

(3)由于在初中生理卫生学习中学生已做过唾液淀粉酶的实验,要求学生运用已有知识设计温度对酶催化活性影响的实验。

(4)结合本节内容的课堂练习再进行反馈性校正。

七、教学过程

(一)导入新课

【导言】通过高中生物绪论的学习,我们已经知道生物区别于非生物最本质的特征是新陈代谢,它是生物体进行一切生命活动的基础。从本节内容开始,我们将学习关于新陈代谢的有关知识。由于新陈代谢过程比较复杂,在学习具体的代谢过程之前,我们首先要学习与新陈代谢过程紧密相关的几个问题,这就是我们本节课要学习的内容。

通过本节内容的学习,我们要达到的学习目标是:

【板书】(副板书,写在黑板右侧)

1.理解新陈代谢的概念及其基本类型

2.理解酶的概念并掌握酶的作用特性

3.识记ATP的分子简式,理解ATP与新陈代谢间的重要关系

【导学与提问】本节内容主要讲述三个问题:一是新陈代谢的概念,二是新陈代谢与酶,三是新陈代谢与ATP。下面请同学们先看书,找找关键语句,看看它们之间有何内在联系?

(二)中心授课

【学生自学与讨论】10分钟。

【师生合作】针对上述提问进行抽查,了解学生自学与讨论的结果。对学生答案经简短评价后将本节的知识框架边讲述(新陈代谢包括生物体内的全部化学反应,而众多化学反应能顺利迅速地进行,一是因为有酶的催

化,二是因为有源源不断的能量供应)边板书。

【板书】一、新陈代谢的概念及分类

【复述】什么是新陈代谢? 新陈代谢是指生物体在生命活动过程中不断地与外界环境进行物质和能量的交换,以及生物体内物质和能量的转化过程。

【板书】1.概念

【设问】名曰新陈代谢,何谓"新"何谓"陈"?

【讲述】生物体在新陈代谢的过程中,从外界环境摄取营养物质,合成自身的组成物质、贮存能量。同时,生物体分解自身组成物质、释放能量,将代谢终产物排出体外、散失能量。其中,合成自身的组成物质并贮存能量,谓之"新";分解自身组成物质并释放能量,谓之"陈"。生命运动的本质就是生物体的自我更新。据估计,人体内的组成物质平均每80天就有一半被分解,其中组成肺、骨骼和大部分肌肉的蛋白质的寿命约为185天,而组成肝脏、血浆的蛋白质的寿命更短,只有10天左右。生物体只有不断地与周围环境进行物质和能量交换,不断地进行新物质的合成和能量的贮存,不断地进行旧物质的分解和能量的释放,才能延续生命。科学家们应用同位素示踪法测知,每年人体内约有98%的物质被新的物质所代替。由此可见,生物区别于非生物最本质的特征就是生物体的自我更新。也正是由于自我更新,生物获得了维持生命活动所需要的物质和能量。

【提问】新陈代谢都有哪些类型? 它们是怎样划分的?

【学生回答】略。

【板书】2.分类(图示新陈代谢的类型)

【难点突破】

(1)同化作用与异化作用。

从上述图中可以发现,同化作用与异化作用看似矛盾的两个过程,实际上它们之间并不是物质与能量的简单"进"与"出",而是在不断地进行着生物"新"与"旧"的循环更新,是生命特有的运动形式。

【板书】3.同化作用与异化作用的相互关系

(2)物质代谢与能量代谢。

物质代谢和能量代谢是新陈代谢过程中不可分割的两个方面,物质代谢总是伴随有能量代谢,这是因为物质分子中储存有化学能,物质在发生化学变化时,总有能量的变化。所以,没有孤立的物质代谢,更没有孤立的能量代谢。

【板书】4.物质代谢与能量代谢的相互关系

【过渡】我们已经学习了新陈代谢的宏观过程,如果着眼于新陈代谢的微观环节,会发现代谢过程实际上是由许许多多的化学反应组成,新陈代谢则是生物体通过所有化学反应实现的。这么多的化学反应之所以能在常温常压下顺利而迅速地进行,是因为生物体内有酶的催化。

【板书】二、新陈代谢与酶

【提问】什么是酶?

【板书】1.酶的概念

【复述】酶是活细胞产生的具有催化能力的一类特殊蛋白质。

【板书】酶的来源:活细胞产生;酶的功能:催化作用;酶的化学本质:一种特殊蛋白质。

【演示实验】

【提问与分析】

①实验中甲试管实验结果证明:酶有催化作用。

②实验中设计乙试管的作用是:对照作用。

③实验中恒温的原因是:酶催化需要适宜的温度。

酶的催化活性除了受温度的影响外,还受到酸碱度等条件的影响。

【板书】2.酶的特性

【提问】在化学课上同学们也学习过催化剂,那么一般的催化剂都有哪些性质呢?

【学生回答】用量少而催化效率高,反应前后不发生变化,促进化学反应迅速进行等。

【讲述】酶作为生物催化剂,除了具有上述一般催化剂的性质外,还具有以下重要特性:

酶催化反应的速度比一般的无机催化剂高 $10^6 \sim 10^7$ 倍,有的酶催化反应速度极快,如碳酸酐酶催化二氧化碳与水合成碳酸的反应是已知较快的酶催化反应之一,每一个酶分子在 1 秒钟内可以使 10^5 个二氧化碳分子发生水合反应。

【板书】(1)具有高效性

【归纳总结】酶的高效性是和非酶的催化剂比较而言的,蛋白质的催化能力是普通化学催化物质的 $10^5 \sim 10^8$ 倍。

【板书】(2)具有专一性

【归纳总结】酶的种类繁多,目前已知的有2000多种。正是由于酶对反应的专一性,成千上万的化学反应就需要许多的酶分别在各自代谢途径的特定位置上发挥作用,保证新陈代谢有条不紊地进行。

【板书】(3)具有多样性

【归纳总结】每一种酶都具有高效性和专一性,从整体上看呈现出多样性。

【板书】三、新陈代谢与 ATP

【导入新概念】新陈代谢顺利进行除了需要酶的催化外,还需要能量源源不断地供应。如肌肉收缩、腺体分泌等都需要消耗能量。

【提问】那么消耗的能量从哪里来? 现在我们回忆一下,到目前为止,我们都学习过哪些与能源相关的内容?

【学生列举】糖类是生命活动的主要能源物质,脂肪是生物体内储存能量的物质等。将列举的内容写在黑板的适当位置上。

【提问】我们现在要学习的 ATP 也是能源物质,与上述能源有何关系呢?

【过渡】下面我们先学习关于 ATP 的有关知识,然后再来回答这个问题。

【板书】(1)ATP 的分子简式

【讲述】ATP 全称叫三磷酸腺苷,由于其分子较大,为便于书写,人们根据其结构进行简写,用 A 代表腺苷,T 代表三个,P 代表磷酸基(边讲解边板书 A－P～P～P),简称 ATP。

【讲述】ATP 中大量的化学能就贮存在两个高能磷酸键中。那么,ATP 与 ADP 又是什么关系呢?

【板书】(2)ATP 与 ADP 的相互转变

【讲述】复述 ATP 分解为 ADP 的过程,先用分子结构简式形象表示为:

$$ATP \rightarrow ADP + Pi + Q$$

其中释放出的能量直接给各种生命活动供能。反过来,在酶的作用下,ADP 也可以在吸收能量后与一个磷酸结合,形成 ATP。其中吸收的能量来自呼吸作用即糖类、脂肪等有机物的氧化分解,对绿色植物来说,还来自光合作用即光能的吸收和转换。二者间的相互转变可表示为：

$$\text{ATP} \underset{\text{酶2}}{\overset{\text{酶1}}{\rightleftharpoons}} \text{ADP} + \text{Pi} + \text{Q}$$

【难点突破】

ATP 与 ADP 之间的相互转变有别于化学的可逆反应。在化学上讲到的可逆反应的特点是正逆反应都能在同一条件同一场所下同时进行，如 NO_2 与 N_2O_4 在烧瓶内的可逆反应。而 ATP 与 ADP 的相互转变，有以下几点不同：

(1)正逆反应需要的酶不同：合成反应需要的是 ATP 合成酶，而分解反应需要的是 ATP 水解酶。

(2)正逆反应的场所不同：ATP 的合成场所比较固定，如细胞质基质、线粒体、叶绿体等；而分解场所却是不稳定的，因为 ATP 在细胞内就像货币一样是流动的，分解的场所较多。

(3)从能量代谢的角度上看，ATP 分解释放出的能量绝不是合成 ATP 时的能量，这两种能量无论从用途还是从来源上看都有很大的差别。

所以，ATP 与 ADP 的相互转变看起来像可逆反应，而实际上却不是，二者的转变只能表明在细胞中 ATP 与 ADP 是不断循环的，从而保证了生命活动的正常进行。

(三)结束新课

【复述】新陈代谢包括同化作用和异化作用两个方面，两个看似矛盾的过程实际完成的是生物体的自我更新。新陈代谢从微观上讲是所有化学反应的总和，它的顺利进行需要酶的催化和 ATP 等能源物质的参与。

【反馈练习】

1.下列有关酶的叙述错误的是(D)

A.酶在活细胞的核糖体上合成

B.每种酶都具有高效性、专一性

C.酶的基本组成单位是氨基酸

D.酶都具有消化功能

2.下列关于新陈代谢的叙述，不正确的是(C)

A.能量代谢是伴随物质代谢而进行的

B.有机物合成时贮存能量，分解时释放能量

C. 同化作用贮存 ATP, 异化作用释放 ATP

D. 同化作用、异化作用是不分先后同时进行的

3. 肌肉收缩时需要的能量直接来自(A)

A. ATP　　B. 糖类　　C. 光能　　D. ADP

4. 比照教材中小麦淀粉酶的催化实验, 设计一个说明温度对酶的催化速度影响的实验。

5. 对照板书, 梳理本节内容的知识结构。

6. 在教材实验设计的基础上增加与甲试管内容相同的丙、丁两支试管, 将丙、丁分别放进冰水浴和沸水浴, 然后再用碘液进行检验, 观察呈现的颜色和深度即可。

(四)板书设计

第二章　生物的新陈代谢

第一节　新陈代谢概述

一、新陈代谢的概念与分类

1. 概念

2. 分类

3. 同化作用与异化作用的相互关系

(表解二者的区别和联系)

4. 物质代谢与能量代谢的相互关系

(表解二者的区别和联系)

二、新陈代谢与酶

1. 酶的概念

2. 酶的特性

(1)高效性

(2)专一性

(3)多样性

三、新陈代谢与 ATP

(1)ATP 的分子简式

(2)ATP 与 ADP 的相互转变

八、参考资料

九、教学后记

2.表格式教案

表格式教案用列表的方式规范教学过程,如表2－2。

表2－2　表格式教案(样表)

科目		教师		班级		周次	
课题名称					时间长度		
教学目标							
教学重点							
教学难点							
教学用具							
板书提纲							

教学过程	教学方法	备注
阶段1:导入新课 阶段2:中心授课 　分阶段1 　分阶段2 　分阶段3 阶段3:巩固与运用 阶段4:结束新课	(与左栏相对应填写)	(撰写各阶段的时间安排、遇到的困难、其他措施、补充材料等)
教学后记		

3.程序式教案

程序式教案是近年来推广试用的一种新形式,如表2－3。

表2－3 程序式教案（样表）

科目		教师		班级		周次	
课题名称				时间长度			
教学目标							
教学重点							
教学难点							
教学用具							
板书提纲							
教学过程	教学方法			学生行为			
复习旧知识							
导入新课							
中心授课							
复习巩固结束新课							
教学后记							

　　以上是备课的全过程。古语云："凡事预则立,不预则废"。生物学教学也要在"预"字上多下功夫,用这个"预"字来解释备课,就是做好课前准备。备好课,取得教学的主动权,也就有了成功的可能性。

　　【练习】自选课题,编写一份详细的文字式教案。

第二节　中学生物教学之课堂技能实训

　　课堂教学过程大致可以分为导入、讲解、提问、板书、巩固、结束等若干教学活动。课堂教学技能是指教师在课堂上利用教育理论和教学经验进行某一学科教学的能力,是教师为完成特定的教学目标而进行的有意识的活动。综合国内外教育工作者的研究成果,中学生物教学技能可以分为:语言技能、提问技能、讲解技能、演示技能、变化技能、板书技能、导入技能、强化技能、组织技能及结束技能等十种。其中,前六种可以归纳为基本教学技能,后四种可以归纳为调控教学过程技能,见表2-4。

表2-4　教学技能分类一览表

分类		技能作用
基本教学技能	语言技能	语言准确,提供事实,科学论证,交流信息
	提问技能	检查学习,促进思维,获得交流反馈
	讲解技能	形成概念,掌握原理和规律
	演示技能	增强感知,辅助语言交流
	变化技能	活跃气氛,增强情感,交换信息通道
	板书技能	提纲挈领,突出重点,辅助语言交流
调控教学过程技能	导入技能	引起注意,激发动机,明确意图,进入交流
	强化技能	调控教学,强化学习,巩固交流成果
	组织技能	教育学生,指导学习,促进交流顺利进行
	结束技能	总结归纳,拓展延伸,形成知识系统,结束交流

一、语言技能

　　语言是教师与学生之间传递信息的重要工具。即使现在的教学手段越来越现代化,仍不会削弱语言的教学功能。如多媒体教学,虽然其交互性越来越强,但始终都不如师生之间面对面的交流来得更为直接。因此,语言技能是做教师的一项非常重要的教学基本功。

什么是教学语言？教师在课堂上要讲解教材、传授知识、组织练习和不断激发学生积极的学习情绪,在这一过程中所使用的语言都是教学语言。教学语言是教学信息的主要载体,是教师完成教学任务的最主要的保证,是实现教学目标的关键。强调教师的授课技能,从某种程度上说,就是强调教师的语言表达技能。

教学语言的表现形式主要有口头语言、书面语言(如板书、作业批语)、形体语言(如表情、动作)等。由于板书的重要性,所以将板书技能单列为一种教学技能。形体语言富于变化,安排在变化技能中讲述。下面重点介绍的是口头语言。

(一)口头语言的类型

1.叙述性语言

叙述性语言就是有条理地向学生叙述科学事实和原理,这种方法多用于理科课程,如叙述某一实验装置。

2.描绘性语言

在叙述性语言的基础上,增加许多修饰成分,增强语言的感染力,文科教学常用,理科教学也可用。

3.论证性语言

论证性语言就是教师有步骤地向学生解释说明问题,通过实例得到概念或通过现象、事实推导出结论,形成概念、法则或原理。

4.启发性语言

一般用在师生相互问答的过程中,通过教师的启发,以引起学生对已有知识或生活经验的回忆,或通过老师提供的具有启发性的材料和问题建立联系。

5.解释性语言

一般是在师生互问互答的讨论中,或教师自问自答的讲解中,教师对某个原理、结构、规则等进行解释或说明。如仪器设备的使用方法、实验原理的讲解等。

（二）口头语言的构成

1. 语音和语调

语音是语言信息的载体和符号,教学中对语音的要求是发音准确、吐字清晰、普通话规范。

语调是指声音的高低及声调的变化。语调能体现教师的语言情感。教师的语调长时间低沉而平淡,会使课堂气氛沉闷,学生精神不振,导致接受信息很费力;教师的语调长时间高亢激昂,会使课堂气氛嘈杂,学生感到心烦,也会降低学生对信息的接受率。教师要深刻理解教学内容,对全班学生充满感情,讲课时身心投入,做到语调自然适度、抑扬顿挫,实现语言情感的自然流露。

2. 语速和节奏

（1）语速。语速是指讲话的吐字速度。人的语速有快有慢,但课堂教学的语速必须适中,通常以每分钟 200～250 字为宜。教师教学的语速太快,发送信息的频率太高,学生的大脑对获取的信息来不及处理,形成信息的脱漏和积压,导致信息接受障碍,甚至终止。反之,教师的教学语速过慢,重复过多,则浪费时间,学生也会精神涣散,降低听课的兴致与效果。

（2）节奏。节奏主要包括语言节奏、内容节奏和时间节奏。

①语言节奏:是指教学中语速快慢、停顿等的变化。如讲到重要的地方提高声调放慢速度,讲到快乐的地方自然地露出微笑等。这种语调高低、速度快慢、情绪起伏,就形成了一种节奏,它会影响学生的情绪和接受信息的效率。

②内容节奏:是指要讲究内容的布局。一个好的内容布局的要求是开头要醒人耳目,很快把学生带入学习的情境,引起兴趣和注意;中间的论述要善于变化,使学生的有意注意和无意注意有节奏地交替转换;结尾要有余味,激发学生对学习新知识的渴望。

③时间节奏:是指要合理地分配时间。新教师往往不能很好地把握时间节奏,容易出现前松后紧或前紧后松的现象。因此,在课前必须熟悉自己的讲稿,对每个问题大致占多少时间要做到心中有数。

3. 词汇和语法

口头语言对词汇的要求是规范（用普通话）、准确（专业词汇正确）、生动,对语法的要求是符合用词造句的原则、合乎语法、合乎逻辑、语言流畅。

4. 响度

响度是指声音的高低,实际上它是声音的强度、长度、高度的总和。口头语言应有一个合理的响度,也就是把音高、音强、音长控制在最适当的程度,使每个学生都毫不吃力地听清楚教师说的每一句话、发出的每一个音节。

(三)口头语言的应用原则

1. 学科性和科学性原则

口头语言是学科教学的主要语言,必须熟练运用学科专业术语。因为每门学科都有自己的概念、理论,这些概念、理论是专门用来表达学科知识体系的。如生物学中有细胞、组织、器官、个体、种群等专业术语,这些专业术语是学科内的共同语言,准确地运用它们进行教学,一说就懂,简明扼要。相反,如果不用这些专业术语,不仅不利于交流,而且往往会使语言不严谨,导致出现科学性错误。

试比较以下两种教学语言的科学性:

【例1】我们要解剖的动物是蟾蜍,也就是通常说的"癞蛤蟆"。把它处死之后,放置在解剖盘上,腹面向上,用大头针固定四肢,然后进行解剖;解剖时,左手拿镊子,右手拿解剖剪,从其腹部下端开始……

评价:俗称与科学名称结合起来,正确运用了专业术语。

【例2】我们将要解剖的生物是癞蛤蟆,先要把它处死,然后把它放在这个盘子里,让它仰面朝天,用大头针扎住它的前后腿,然后把它剖开;剖的时候,左手拿镊子,右手拿剪子,从肚子的下面剪开……

评价:没有正确运用专业术语。

2. 教育性和针对性原则

教育性:教师的口头语言对学生的思想、情感、行为有着潜移默化的影响。一般来说,学生的年龄越小,这种影响越大。所以,教师一定要注意口头语言的教育性。

针对性:教师的口头语言必须是学生在已有知识和经验范围内能够理解的,不能超越学生的认知能力,也不能和学生的兴趣和需要相悖。

3. 简明性和启发性原则

简明性:即说话不多,一听就明白。简明性的口头语言,表达的内容一定是经过提炼的、认真组织的,用词一定是经过认真推敲的,句式一定是经过严格选择的。

启发性:是指教师的口头语言具有调动学生学习自觉性和积极性的作用。

试比较以下两种教学语言的启发性:

【例1】"家兔的门齿由齿质和釉质组成。齿质比较软,容易磨损;釉质较硬,不易磨损。家兔门齿前面的釉质特别厚,后面的釉质薄,所以后面磨损得比前面的快些。这样,门齿形成了凿形。此外,齿的基部不封闭,能终生生长。所以,家兔经常咬硬的食物,门齿也不会变短。"

评价:平铺直叙,没有启发性。

【例2】在介绍"例1"的知识之前,先设计这样一段话:"我们在生活中经常看到:尖锐的东西经常接触坚硬的东西会变钝;长的东西经常磨损会变得越来越短。现在我们看一看家兔门齿的情况:它的门齿呈凿形,经常咬硬的食物,门齿非但不钝,反而更尖锐;门齿经常磨损,却没有变短。为什么会出现这一反常规的现象呢?下面我们就来看一下家兔的门齿构造吧!"

评价:精心设计了"矛盾情节",具有启发性。

4. 形体语言和口头语言相配合原则

形体语言所传递的是无声的视觉信息,教师在教学中往往有意或无意地以形体语言配合口头语言。形体语言与口头语言相配合原则要求教师教学的体态与口头语言适当配合,以身体的动作特征来辅助口头语言,如手势、神态、走动等。实践证明,形体语言的运用,能提高学生的有意注意。当然,要注意形体语言的规范,力求做到适度、文明、自然。

【模拟训练】选择一节教学内容,认真备课,编写详细教案,运用一种或几种口头语言,进行5~10分钟的自我模拟教学训练。

二、提问技能

美国著名教育家布鲁纳说:"教学过程是一种提出问题和解决问题的持续不断的过程。"我国伟大的教育家孔子也曾说:"不曰'如之何如之何'者,吾末如之何也已矣"。古希腊哲人苏格拉底也极为重视教学中"问"的艺术和作用,他认为"思维总是从问题开始的",由此形成了他的"产婆术"教学法(谈话法)。由此看来,古今中外的教育家无不重视提问的重要性。布鲁纳的"发现教学法"、孔子的"启发式教学"、苏格垃底的"产婆术"教学法,都是如此。所以,一节好的课堂教学,必须给予学生思考的机会。给予学生思考机会的最基本的方法便是提问,提问也是一种基本的教学技能。

(一)提问的类型

提问的方式多种多样。不同的知识(如生命现象、原理、概念、法则等)有不同的学习要求(如记忆、理解、分析、综合等),不同的学生有不同的思维方式和学习水平。因此,提问的方式不能千篇一律,应包括多种类型,以培养学生的各种思维能力。按照学生的认知方式从低级到高级来分,提问的类型可以分为:回忆提问、理解提问、分析提问、综合提问、评价提问五种基本类型。

1. 回忆提问

回忆提问是一种较简单的低级认知提问,包括两种类型:一种要求学生回答"是"或"否",如"蛋白质在胃里开始被消化,是吗?"学生只需回答"是"或"否"就可以了;一种要求学生用单词或词组来作答,如"植物体内促进水分向上运输的动力是什么?"学生只需回答"蒸腾作用"即可。

这些简单的提问一般用在新课的开始,或某一问题论证的初期,让学生回忆所学过的概念或事实等,为学习新的知识提供材料。但这种提问方式过于简单,容易限制学生的独立思考,不应过多地把提问局限在这一等级上。有些老师的课看上去很活跃、很热闹,师生之间好像交流很多,学生参与回答也很积极,但学生除了回答"是"或"否"外,很少有其他高级思维活动,应采用较高级的提问方式引导学生的思维向宽处、深处拓展。

2. 理解提问

理解提问是一种比回忆提问高级的低级认知提问,多用于新学知识与技能的检查,了解学生是否理解了教学内容。学生回答这样的问题,必须对学过的知识进行回忆、解释或重组。

理解提问一般分为一般理解、深入理解和对比理解三个等级:

一般理解要求学生用自己的话对某一事实、事件进行描述,如"你能叙述光合作用的过程吗?"

深入理解要求学生用自己的话讲述某一学习内容的中心思想,以便了解学生是否抓住了问题的实质,如"你对生物的适应性是怎样理解的?"

对比理解要求学生对所学相关知识进行对比,找出它们的区别和内在联系,如"三大遗传规律有哪些区别和联系? 存在于三者中最本质的东西是什么?"

3. 分析提问

分析提问是一种高级认知提问,要求学生识别条件与原因,找出条件之间、原因与结果之间的关系,没有现成的答案,要求学生独立思考,寻找方法,进行解释或鉴别。如"家鸽的结构是如何与它的飞翔生活相适应的?""用根毛吸水的原理来说明盐碱地为什么不利于植物的生长?"

4. 综合提问

综合提问是一种比分析提问更高级的认知提问,要求学生迅速检索与问题有关的已学知识,并对这些知识进行分析综合,得出新的结论,有利于培养学生的思维能力。

综合提问一般分为分析综合与推理想象两种类型:

分析综合要求学生对已有材料进行分析,从分析中得到结论。如"森林对人类有什么意义? 破坏森林有什么后果?"这就要分析树木的光合作用能保持大气中氧气和二氧化碳的平衡、根有保持水土的作用、森林与人类生活的关系等,从而预见破坏森林可能给人类带来的恶果。

推理想象要求学生根据已有的事实推理,想象可能的结论,也就是由已知推测未知。如"已知豌豆亲本的基因型为 Dd(高茎)×Dd(高茎),请推测其后代的基因型、表现型及比例。"

综合提问的表达形式一般是:①根据……你能想出问题的解决方法吗? ②为了……我们应该……? ③如果……会出现什么结果? ④假如……会产生什么后果?

5. 评价提问

评价提问是一种比综合提问更高级的认知提问,要求学生对某问题进行判断,并给出判断的理由。如"有人说,蕨菜是由水绵进化来的。这种说法正确吗？为什么？""有人说，现代技术是一把双刃剑，有利也有弊。你同意这个观点吗？说出你的理由。"

评价提问的表达形式一般有：①你同意……？为什么？②你认为……？为什么？③你相信……？为什么？④你觉得……？为什么？⑤你喜欢……？为什么？

通过上述分析，我们可以看出，上述五类提问并不在同一认知水平上，有低级、高级之分，前两者是低级认知提问，后三者是高级认知提问。

（二）提问的技巧

提问的技巧包括设问要准、提问要活、发问要巧、问中有导、听答要诚，具体要求如下：

1. 设问要准

设问要准，是指设计的问题要目标明确，具有针对性，从学生实际出发，考虑问题的深浅、繁简、难易等（最好使多数学生都能参与回答）。

2. 提问要活

提问要活，是指问题设计要因教材而异、因人而异。如对学习程度较好的学生可以提一些较长、较复杂的问题，要求他们做比较系统、完整的回答；对学习程度较差的学生可以提一些较短、较简单的问题，甚至可以将一个较大的问题分成几个小问题提出，逐步培养他们的分析和综合能力。

3. 发问要巧

发问要巧，是指要掌握好发问的时机、讲究发问的方式及注意提问的语速。

掌握好发问的时机，正如孔子所说的"不愤不启，不悱不发"，即提问的最佳时机应在学生处于"愤"或"悱"之时。当学生的思维处于想弄通而未得、想说出而不能时，正是学生的情感、思维被激活，内心产生强烈的求知愿望的时刻，这时是开导学生的最佳时期。

讲究发问的方式，是指发问时要面向全体学生，让每一位学生都要思考。有经验的教师总是先提出问题，让全班学生思考，一般不先指明让哪个学生回答。问题提出后，还要有一定的停顿，以便给学生留出思考和准备作答的时间，教师借此环顾全班同学，观察他们对问题的反应。

提问的语速是由提问的类型决定的。回忆提问、理解提问可以用较快的语速叙述；分析提问、综合提问和评价提问要留有较长的停顿时间，还要使用较慢的语速，以便使学生对问题有清晰的印象。

4. 问中有导

问中有导，是指在提问中要随时给学生以启发诱导，也就是提示或探询，启发学生思考。如学生应答不全面、抓不住重点或有错误时，教师的处理方式不要过于简单，不能轻易代替学生回答，也不能让学生轻易放弃，而是给学生提供解决问题的方向，启发学生思考，在教师的引导和提示下，把问题回答完整，培养他们逻辑思维和解决问题的能力。学生回答后，教师要给予分析和确认，使问题有明确的结论，强化他们的学习效果。

5. 听答要诚

听答要诚，是指教师要耐心地听学生回答，要用语言、眼神、表情给学生以鼓励，即使学生一时答不出或回答错了，教师应当正确对待，诚恳纠正，千万不要讥讽学生。

教学中，教师应该依据具体情况灵活运用提问方法，努力做到设问要准、提问要活、发问要巧、问中有导、听答要诚。课堂提问并不仅仅是为了获得一个正确答案，更重要的是让学生掌握已学知识、应用已学知识、培养和发展学生的思维能力和解决问题的能力。

（三）提问的过程

提问过程包括引入、陈述、介入及评价四个阶段。

1. 引入阶段

提问前要有一个明显的界限标志，教师用不同的方式表示由语言讲解或讨论等转入提问，使学生对提问做好心理准备。如："同学们，下面让我们来共同思考这样一个问题……"，"通过上面的分析，请大家思考……"

2. 陈述阶段

教师用简洁的语言陈述所要提出的问题，并做必要的说明。

3. 介入阶段

在学生不能作答或回答不全面时，教师以不同的方式鼓励或启发学生回答问题，主要活动有：①查问学生是否明白问题的意思；②让学生尽快作出回答或完成教学指示；③提示问题的重点或答案的结构；④在学生没听清题意时，原样重复所提问题；⑤在学生对题意不理解时，用不同词句复述问题。

4.评价阶段

当学生对问题作出回答后，教师以不同的方式处理学生的回答，主要做法有：①教师重复学生的正确答案；②教师以不同的词句重述学生的不规范回答；③根据学生回答中的不足，追问其中要点；④纠正错误的回答，给出正确的答案；⑤教师对学生的回答作出评价；⑥依据学生的答案，引导学生思考另一个新的问题或更深入的问题；⑦给学生的答案加入新的材料或见解，扩大学习成果或展开新的内容；⑧检查其他学生是否理解某学生的答案或反应。

【模拟训练】选择一个课题，训练如何以不同的方式启发、鼓励、提示、探询学生回答问题，并评价学生的回答。

时间要求：5~10分钟。

教案要求：要详细地设计出以不同方式提问的具体内容，以及正确答案和预想的可能答案。

对学生角色的要求：①教师提问后没有任何表示，看他如何处理沉默；②教师提问后告诉他"你不会答"，看他如何重复或重述问题；③教师提问后告诉他"你不明白问题"，看他如何解释题意；④教师提问后你支吾以对，看他如何启发诱导；⑤教师提问后你的回答一部分正确一部分似是而非，看他如何提示和探询；⑥教师提问后迅速作出反应，看他如何评价和鼓励。

三、讲解技能

讲解技能是教师通过口头语言对教学内容做逻辑性叙述，帮助学生弄清问题的组成要素、过程及其内在联系，从而使学生把握其实质和规律的教学行为方式。讲解是课堂教学中运用最广泛的一种教学手段，即使现代教育技术越来越多地进入课堂，讲解仍是课堂教学中应用最为广泛的一种教学技能。讲解以教师讲述、学生听讲为基本特色，充分发挥教师的主导作用，保证课堂教学系统地向学生传授知识，使学生在较短的时间内获得较多的知识。

（一）讲解的类型

讲解一般分为解释式讲解、描述式讲解、原理中心式讲解和问题中心式讲解四种基本类型。

1. 解释式讲解

解释式讲解适用于陈述性知识的教学，属于讲解的初级类型。如解释某种生命现象、生物体的结构、生物的种类及实验过程等。

2. 描述式讲解

描述式讲解适用于内容陈述、细节描述、形象分析、材料显示等知识的教学，属于讲解的初级类型。如描述各种仪器结构、性能、规则，各种标本、模型等。

3. 原理中心式讲解

原理中心式讲解是指以概念、规律、原理、理论为中心内容的讲解，属于高级类型的讲解。如老师在向学生说明什么是鱼时，是这样讲解的：

【导入】大家可能见过鱼，吃过鱼，也可能养过鱼，那么什么是鱼呢？

【实例分析】要认识什么是鱼，需要分析一下鱼的特点。鱼有什么特点呢？鱼是动物，生活在水中，有鳞、鳍和尾，用鳃呼吸。如海中的黄花鱼、江河湖泊中的草鱼、供人玩赏的金鱼等都有上述特点。

【分化】那么，是不是叫"鱼"的动物都是鱼呢？如"鲸鱼"生活在水中，有鳍和尾，用肺呼吸，它不是鱼，是哺乳动物；"鳄鱼"是鱼吗？鳄鱼水陆两栖，有鳞，无鳍，用肺呼吸，它不是鱼，是爬行动物。

【泛化】那么，有没有不叫"鱼"的鱼呢？泥鳅在水中生活，有鳍和尾，无鳞，用鳃呼吸，它是鱼。

【得出结论】通过分析、比较，我们可以发现，用鳃呼吸是鱼类特有的属性，在水中生活且有鳞、鳍和尾是鱼的一般属性。所以，我们可以得出以下结论：鱼是有鳞、鳍和尾，并用鳃呼吸的水生动物。

原理中心式讲解经常使用叙述加议论的表达方式，讲解中交替应用分析、比较、归纳、演绎、抽象、概括、综合等逻辑思维方法，强调论证和推理的过程，这是理科教学常用的讲解方式。

4. 问题中心式讲解

问题中心式讲解是以解答问题为中心的讲解,在教学中常用于对学生进行能力训练、方法探究、答案求证等,具有一定的探究性,属于高级类型的讲解。问题中心式讲解的一般模式为:引出问题—明确要求—选择方法—解决问题—得出结果。这种教学模式也叫问题解决模式,适用于重点、难点和认知策略的教学,通常要辅以提问、讨论等其他的教学技能。

(二) 讲解的原则

1. 教学直观,学生充分感知

感知是认识事物的第一步,教学中运用各种各样的直观材料、事例、经验、旧知识等都可以丰富学生的感知。

2. 突出重点,抓住本质特征

在处理重点与非重点的关系时,要把力量集中在解决重点问题上,使重点问题引人注目,而非重点放在一般情景之中,这样才能使学生的注意力集中到重点内容的学习上。

3. 温故知新,加深理解记忆

当学生学习一个新知识时,要尽可能地与以前学过的知识联系起来,不仅可以为学习新知识奠定基础,而且也有利于对新知识进行重组,较深入地理解新知识,使所学知识系统化、结构化。

4. 举一反三,促进分化泛化

在让学生形成概念时,举一反三地列举多种事例比只举单个事例效果要好。例如,在进行"叶的形态"教学时,重要的是泛化"叶的形态"的概念。如果我们把小麦的带状叶、桃的披针形叶、苹果的卵形叶、甘薯的心脏形叶、月季的羽状复叶等叶同时列举出来,便可以使学生很容易地辨认不同的叶形,掌握各种叶形的不同特征。

5. 反面论证,及时巩固应用

在显示概念所包含的事例时,最好不要仅仅显示与概念特征相一致的事例,也应显示与其特征相反的事例,尤其是容易弄错或混淆的事例,更有利于明确概念的内涵和外延。例如,在讲"鸟类的特征"时,不仅要用家鸽、啄木鸟、野鸭、猫头鹰等来说明、概括鸟类的基本特征,而且要运用似鸟不是鸟的蝙蝠、鸭嘴兽等进行反面例证,从而加深对鸟类特征的理解。

6. 方法多样,创造学习条件

运用多种多样的教学方法,让学生轻松愉快地学习,促进学生个性的发展。

(三)原理中心式讲解的过程

概念教学是中学生物教学的核心。在进行概念教学的时候,让学生正确地形成概念不是一件容易的事情,一般要经过以下几个步骤:

1. 提供材料,感知表象

由感性到理性,由表象到本质,从直观到抽象,是使学生形成正确概念的重要途径。因此,在讲解概念的时候,应首先提供感性材料,包括观察实物、演示实验、讲述事实等,使学生获得一定的感性认识,唤起他们对已有知识的回忆,为学习新的概念提供一个清晰、明确的感知表象。

2. 启发思维,认识本质

生动的感性材料、形象化的语言,可以使学生获得丰富的感性认识,但要形成概念,仅靠感性认识是不够的,因为仅有感性认识并不能把握事物的本质。教师应在学生获得感性认识的基础上,启发他们进行比较、分析、综合等思维活动,排除次要因素,抓住主要因素,认识事物的本质。

3. 综合概括,准确定义

当事物的本质揭示之后,我们应该引导学生进行综合概括,即用清晰、简练、规范的语言,对概念进行确切的表述,明确地揭示出事物的内涵。

4. 反复练习,巩固概念

一个完整的认识过程包括"由感性的具体发展到抽象的规定,再由抽象的规定发展到思维的具体"两个科学抽象的阶段。概念的形成只是第一阶段的完成,而认识的第二阶段必须通过有关的作业或练习,运用概念解决典型的、有针对性的问题才能完成,只有经过这样的过程,学生对概念的掌握才能巩固。

5. 举例拓展,分化泛化

对概念进行分化和泛化是概念认知的更高级阶段,即将知识结构化。分化,即与相近的、易混淆的概念进行比较,明确他们的区别与联系,帮助学生纠正错误的概念,使学生对概念达到更深入的理解。例如,动脉血与静脉血的比较,有丝分裂、无丝分裂、减数分裂的比较等。泛化,即辨认概念所包括的各种事物或事实的不同特征,进一步明确概念的外延。例如,在学习了桃花、小麦花、杨树花后得出花的概念,就可以将花的概念推广到其他类似的花的器官上去,如月季花、牡丹花等;相反,可以分析"一品红"是不是花,从而使概念得以深化。

【模拟训练】选择一个合适的概念(原理或规律)设计一个5~10分钟的微型课程进行模拟训练。在进行教学设计的时候注意以下几个步骤:①有效导入;②提供事例;③指导分析;④概括定义;⑤巩固运用;⑥分化和泛化。

四、演示技能

演示技能是教师在教学过程中,结合有关内容的讲解,通过呈示各种直观教具、演示实验等方法,将所学对象的形态、结构、特征、性质或发展变化过程展示出来,是运用媒体传递信息的教学行为方式。

(一)演示的类型

1. 实物、标本和模型演示

实物和标本能够真实地展示生物的外部形态、结构、特征。模型不是实物本身,而是根据教学需要,经过模拟按照一定比例放大或缩小而制成的仿制品,如人体模型、DNA双螺旋结构模型等。

对于模型演示,因为模型与实物不同,在介绍模型时,教师应该把它的大小、比例以及颜色向学生交代清楚,否则可能会使学生造成误解。如:动物的动脉血管做成红色,静脉血管做成蓝色,这些都是为了便于观察或相互区别而人为规定的表示色,不是原色。

2. 挂图演示

挂图演示必须注意演示的及时性,不能在上课前就将挂图给学生看,以免分散学生的注意力。一般的做法是:上课前背面朝外,需要时翻过来看。挂图演示过程中,可以配合画简图或使用辅助图配合主图。例如,在动植物组织纵切或横切的挂图中,某些细胞的形态学生可能看不清楚,如果挂图上没有局部放大的内容,教师可以在黑板上画一些简图或者使用辅助挂图把局部放大,配合主图帮助学生看清一些重要而细小的结构。

3. 幻灯、投影的演示

幻灯、投影演示必须注意室内局部遮光。教室内长时间遮光会影响学生的视力,时亮时暗又不便于操作,一般采用局部遮光的办法,用黑色窗帘把靠近银幕的窗户遮起来。这样,既不影响学生看书做笔记,又不影响幻灯、投影效果。

4. 电影、电视演示

如今,随着多媒体技术的发展和在教学中的运用,以往教学所使用的电影、电视演示正逐步被多媒体演示所取代。

5. 实验演示(详见第 62 页)

6. 多媒体演示(详见第 63 页)

(二)演示的程序

演示的程序一般可划分为心理准备—出示材料—介绍材料—指导观察—提示要点—核查理解六个阶段。

1. 心理准备

在进行演示前,应先向学生说明要观察什么、为什么要观察、怎样观察以及观察中需要注意与思考的问题等,使学生做好观察演示的心理准备。

2. 出示材料

按照操作规范将演示材料呈示出来,注意材料摆放的位置、高度等,使每个学生在座位上都能观察到。如果材料较小,可以考虑安排巡回演示或者分组观察。

3. 介绍材料

在学生观察前,教师要向学生介绍所使用材料的特点、结构和组成等。例如,演示植物根、茎、叶的挂图,教师要明确指出:挂图放大或缩小的倍数及其表示色;是外部形态还是内部结构,如果是内部结构,是横切还是纵切等。再如,实验演示中,教师要介绍使用的仪器和药品、仪器如何安装、药品如何配制以及如何操作等。

4. 指导观察

指导观察是成功演示的关键。在教师的启发下让学生自己观察演示、发现问题、解决问题,是现代教育观念在演示教学中的应用。

5. 提示要点

无论是教师讲解还是学生自己观察,都需要老师提示要点,以便让学生理解观察的目的、方法和意义,更好地抓住事物的本质属性。提示要点往往能起到画龙点睛的作用。

6. 核查理解

核查理解的目的是获得教学反馈。通过提问等方法检查学生是否掌握了科学的观察方法,是否观察到所要观察的现象,是否理解了所观察现象反映的本质。

(三)演示的要求

虽然不同的直观教学手段有不同的特点,不同的教学目标有不同的演示时机和方法,但演示却有共同的基本要求。

1. 演示物应有足够的大小

为了保证学生能看清演示物,要注意演示材料的大小。过小的材料应进行分组演示或用投影仪放大;过大的材料不能在课堂上演示,只能在课下组织学生观察。

2. 演示物应放在一定的高度上

为了让全班同学坐在原位上就能看清演示材料,演示物应放在一定的高度上,一般以前面的学生不遮挡后面的学生的视线为宜。

3. 演示物有适宜的亮度

除幻灯、投影、电视外,其他的直观材料都应在光线充足的条件下进行演示。光源以设置在标本、模型的前面斜上方45°为宜,玻璃器皿中的溶液以后方照射为宜。必要时在材料的后面设置衬幕,衬幕颜色与材料要有一定的反差,以保证材料的轮廓清晰。

4. 对演示物的指示要明确

为了使学生看清演示物的各个部分,以及局部和整体的关系,在讲解的同时要用教鞭指示。指示位置要确切,把点、线、面充分显示出来,给学生留下清晰的印象,加深学生对教学内容的理解。

5. 实验操作要规范

科学规范的实验操作可以培养学生认真、严谨的工作态度和一丝不苟的优秀品质。教师不仅要做到自己操作规范,还应把学生易出现错误或有疑问的地方有预见性地交代清楚,消除疑问,防止错误的发生。

6.利用图解帮助学生观察

教师在演示实验时,最好能配合演示一张实验程序图,既能使学生对教师的演示过程一目了然,又能使学生深入理解,加强记忆。

7.语言讲解与演示有机结合

语言讲解与演示有机结合是多种教学技能综合运用的要求,有利于提高演示的效果。怎样向学生介绍演示物、怎样指导学生观察、怎样利用启发性的语言启发学生思考问题、怎样引导学生得出结论等,需要教学语言与演示有机结合。

(四)实验演示

实验演示是教师根据课程标准的要求、教学目标和教材内容,通过示范性实验,导入新课学习或说明、验证所授知识的一种教学形式。众所周知,生物教学中常常需要通过实验来阐明生物学概念、原理和规律。但是,有的实验操作复杂,具有一定的难度;有的实验受实验设备、材料的限制,难以进行;有的实验受时间的制约,不可能全部由学生亲自动手完成……只能通过教师以实验演示的方法来解决。

根据实验的目的不同,演示实验可以分为:传授新知识的演示实验、验证巩固知识的演示实验和指导性的演示实验三种基本类型。

1.传授新知识的演示实验

为传授新知识,演示实验常采用边讲解,边演示,边谈话,边启发的教学方法。教师在演示实验时,先讲述实验的各种条件,当学生看到一个现象或全部现象以后,教师通过谈话启发学生对实验现象进行解释,引导学生得出结论。

例如,"探究种子的成分"演示实验中,教师把干燥的小麦种子放在干净的试管中加热,不久,试管上部内壁逐渐出现了水珠。这时,教师及时启发学生思考"水是从哪里来的?"指明水是种子的成分之一,得出种子内含有水分的结论。然后,教师再把试管内的小麦种子放入坩埚内加热并充分燃烧,种子变成了灰。这时,教师又让学生思考"灰是什么物质?"指明这些不能燃烧的灰是无机物,得出种子内含有无机物的结论。接下来用面粉做鉴定有机物的演示实验,使学生逐步得出种子内含有淀粉、蛋白质和少量脂肪等有机物的结论。实验演示完毕后,教师要与学生一起讨论,总结小麦种子的成分,并扩展到所有的植物种子都含有这些成分,所不同的是各种种子成分的比例是不同的。

2. 验证和巩固知识的演示实验

验证和巩固知识的演示实验,通常是先讲解知识,然后进行实验演示。这种演示实验是在教师讲完新课,学生已经掌握了有关知识和理论之后,再进行的验证性演示实验。为了培养学生的思维能力、分析能力和创新能力,可以不告诉学生实验结果,让学生自行预测,甚至可以不告诉学生实验步骤,让学生自己设计实验。

3. 指导性的演示实验

指导性的演示实验是指在学生实验前或实验中,为了防止学生在实验方法或使用实验器材等方面产生错误,避免实验失误或解决实验中的重点问题,教师所进行的部分实验的演示教学。这种演示实验有人也称之为实验片段的演示。

例如,"叶的光合作用"演示实验中,老师(或学生)在几天前把实验材料天竺葵或小白菜放在黑暗的地方,使它不能制造有机物。在上课的前一天,选择几片较大的叶片,用锡箔或黑纸遮上叶片的一部分,然后移到阳光下。上课时,老师用酒精加热溶解掉这些叶片中的叶绿素,然后加碘酒让学生观察实验结果。最后,得出植物的叶在光照下可以制造有机物的结论。

当然,有的实验只能演示实验的开始部分。例如,教师在讲完植物的传粉、授粉、果实种子的形成以后,可以演示人工授粉和去雄的实验。至于授粉的花朵和去雄的花朵能否形成果实,则布置学生以后去观察。

(五)多媒体演示

1. 基本概念

许多人认为计算机辅助教育(CBE)与计算机辅助教学(CAI)是等同的概念,严格地说,两者是包含与被包含的关系。CAI 与计算机辅助学习(CAL)在含义上有些接近,两者的差异在于教育思想上,前者强调"教"而后者强调"学"。此外,计算机辅助测试(CAT)主要指计算机在职业训练中的应用,如工业、军事上的训练等。在国外,CAL 比 CAI 流行,但国内 CAI 更适用些。

CAI 理论正处于初始发展阶段,目前存在概念和术语转换的问题,其中涉及的许多概念需要不断发展完善。由此,有人认为使用 CBE 更保险些,但实际上 CAI 已为国内广大教师所认可,因而使用 CAI 可能更为妥当。

在教学领域里,由于普通的 CAI 终端功能不强,交互性差,所以又出现了多媒体 CAI 教学。多媒体技术是一种能够让用户以交互方式将文本、图形、图像、音频、动画和视频等多种信息经过特定的软硬件获取、制作、编辑和储存等方式处理,然后合而为一的技术和方法。在以前的一些书籍中曾提到过多媒体组合教学,那种只是将几种媒体加以简单的组合的多媒体教学与现在的多媒体教学不一样。今天的多媒体技术则是以计算机为中心,把语音处理技术、图像处理技术、视听技术都集成在一起。先把语音信号、图像信号通过模数转换变成统一的数字信号,计算机就可以很方便地对它们进行存储、加工、控制、编辑、变换,还可以查询、检索。显然,这与原来把多种形式媒体简单组合在一起是完全不一样的,特别是由于多媒体具有图、文、声并茂,甚至有活动影像这样的特点,能提供非常理想的教学环境,必然会对教育、教学过程产生深刻的影响。有人认为多媒体技术必将改变教学模式、教学内容、教学手段、教学方法,最终导致整个教育思想、教学理论,甚至教育体制的根本变革。

多媒体技术之所以对教育领域有如此重大的意义,是由于多媒体技术本身具有许多特别宝贵的特性与功能,这些特性与功能是其他教学媒体所不具备或是不完全具备的。随着我国经济的发展,各种条件的改善和教师队伍素质的普遍提高,多媒体教学必定会作为一种教学手段在我国中小学普及开来。

2. 多媒体教学课件的制作

多媒体教学课件,是指在教育教学理论的指导下,将教学内容按照一定的系统结构编制而成的,集文字、图片、动画、声音等多种视听素材于一体的多媒体教学软件。

(1)课件制作工具。制作多媒体课件需要相应的工具,目前比较流行和实用的有 Powerpoint、Authorware、3ds Max、Flash 等。

Powerpoint 是微软制作幻灯片的软件,每张幻灯片都可拥有标题、文本、图形、剪辑艺术图片,以及由其他应用程序创建的各种图表、图像,还可以有简单的动画效果等。其特点是易学,制作速度快,现在许多教师都在应用它。

Authorware 是专业制作多媒体的软件,可以将文本、图形、动画、视频和音频有机结合起来,完成多媒体应用系统的制作。它提供了丰富的屏幕管理功能,可以实现图形、文本的叠加和移动,也可以设定各种显示效果。它的开发过程是基于图标的流程式开发格式,使用13个图标,通过图标的穿插或叠合,形成应用程序结构,然后再往图标中添加内容,从而可以做出交互功能很强的课件,相对来说较难掌握。

3ds Max 是制作三维动画的软件,动画效果出众,但它一般要和别的软件联合制作课件。

Flash 是制作动画的软件,制作的课件交互性强、体积小,便于携带和网络传输。

(2)媒体资源的获取。多媒体课件需要大量的图片、图像等媒体资料,这些资料的获取主要有以下几种形式:①自己画:简单的图片资料可以自己画,如心脏结构平面解剖示意图、根尖的结构示意图等。②原始图库:如 Word 软件的自选图形、剪贴画等。③选自电影电视:如《侏罗纪公园》里面有大量的恐龙画面,就可以剪辑下来,用于讲爬行动物。④借助扫描仪:扫描书籍、报刊中的图片、图表等资料,保存备用。⑤数码相机:在工作、学习和生活中,随时拍摄与教学有关的视频资料。⑥覆盖剪贴,基图添加:对于较复杂、难以直接获取的图形资源,可将原图形分成小模块,再叠合。例如,"蜜蜂采蜜"的演示图像制作:先从光盘中找到蜜蜂图片,再选取合适的花朵,两张图片剪帖成新的资源信息。再如,"池塘生物群落"演示图像制作:池塘生物群落有挺水植物、浮水植物、沉水植物、分布于不同水层的浮游动物、微生物等,我们以池塘为基图,将其他图片依次覆盖,联成完整的画面。⑦教育资源网:网上的资源太丰富了,动物世界、植物世界、镜下世界,应有尽有。还有大量的现成课件,很多课件做得相当不错,你可以拿过来参考运用。

3. 生物学多媒体演示课件设计

生物学作为一门自然学科,正在向微观和宏观两个方向深入发展。生物学中一些微观世界的复杂变化,看不见摸不着,用传统的教学手段很难使学生理解和掌握,而借助计算机的模拟手段,可以使学生比较直观形象地认识微观世界的运动变化,从而对生命现象、生理过程的本质能够一目了然。

(1)"物质出入细胞膜的方式"多媒体课件设计:细胞很微小,要让学生搞清细胞膜的结构和功能就比较困难,特别是细胞膜控制物质出入细胞的两种方式,学生往往难以理解。我们运用多媒体辅助教学,动态模拟,创设教学情境,诱导学生观察思考,相互讨论,共同探究规律,这样势必会收到比传统教学更好的教学效果。

(2)"基因控制蛋白质的合成"多媒体课件设计:可以通过计算机模拟"转录"和"翻译"的变化过程,形象直观地向学生展示 DNA 怎样解旋,又怎样以 DNA 的一条链作为模板进行碱基互补配对,碱基互补配对的原则是什么;"翻译"怎样起始,核糖体怎样沿 mRNA 向前移动,tRNA 怎样进入核糖体,又怎样离开核糖体,肽链如何延长,最后怎样终止,从而可以使学生对蛋白质的合成有完整的、科学的、动态的理解。

(3)"精子的形成过程"多媒体课件设计:染色体变化规律是这节课的重点,也是难点,它是有性生殖生物遗传和变异的根源。运用多媒体技术,模拟减数分裂过程中染色体的变化规律:减数第一次分裂过程中,同源染色体联会—出现四分体—四分体移动排列在细胞的赤道板上—着丝点与纺锤丝相连—同源染色体在纺锤丝的牵引下分离—细胞分裂—染色体减半;减数第二次分裂过程中,着丝点分裂—姐妹染色单体分开—细胞分裂产生四个精子细胞。通过这样一个动态变化过程,可以把学生带进细胞分裂的微观世界,每一幅画面都能使学生得到鲜明的感知印象,并使之积极观察、启发联想,使学生的思维都处于积极探索之中。这样,通过演示动画、谈话,然后再与精讲、板书相结合,很容易把整个课堂推向高潮。

(4)"生物进化"多媒体课件设计:通过计算机模拟手段,让远古时代的动植物"活"起来,让学生仿佛回到远古时代,学生对生物进化的理解可能更为深刻。计算机动画模拟还能把需很长时间才能完成的生理过程或变化进行"压缩",使其在短时间内完整地呈现在学生面前,比如种子的萌发、胚的发育等。这样,化虚为实,化繁为简,使生物学课堂教学效率大大提高,有助于学生把抽象的东西形象化、动态化,使生物学教学过程有更强的教育性、直观性和活泼性。

计算机作为新型教育应用和发展的媒体,既能实现文字、图像、声音等多种信息的同步输出,又能超越时空界限,把学生的思维带进微观世界、模拟的实验环境以及美好的大自然之中。教师由单纯的信息表达者转变成信息的加工者、组织者,处于主导地位。学生不是被动地接受新知识,而是在观察和思考中,在愉快的环境中学习,真正体现了学生的主体地位。作为生物学教师不仅要掌握丰富的生物学知识、技能,还要具有利用多媒体设计开发教育软件的本领。

总之,在生物学教学过程中,多媒体教学既可以展示生物体的宏观世界,又能展示生物体的微观世界;既能展示生物体的静止状态,又能展示生物体的动态景观;既有利于观察完整的个体,又有利于观察局部器官;既可激发学生的学习兴趣,又可加深学生对知识的理解和记忆等。

4. 生物学多媒体演示的误区

在中学生物学课堂教学中,正确运用多媒体辅助教学,能突破沿袭多年的"粉笔加黑板,教师一言堂"的传统教学模式,使课堂内容由静态传播变为图、文、声、像并茂的动态传播,增强感染力,有利于学生拓展知识面,并激发学生积极主动的学习热情,提高课堂教学效率,促进素质教育的全面开展。然而,在使用多媒体教学过程中却存在着诸多误区,影响了多媒体综合效能的发挥和教学质量的提高。

(1)使用媒体信息越多越好。根据教学规律,学生是课堂教学的主体,教师在教学中起到主导作用。无论计算机的功能多么完备,它仍然只能起到辅助教学的作用。有的教师在多媒体演示教学中,片面追求增加信息量,拓宽知识面,整堂课完全采用多媒体,成了典型的电脑"满堂灌",教师成了机械的电脑操作者,走入了"使用多媒体信息越多越好"的误区。如在学习"动物生理结构"时,用具体的实物或有关模型对其内部结构逐一加以剖析,比单纯用多媒体效果要好得多。在实际的课堂教学中,教学过程是以科学地实现教学目标来展开的,多媒体信息要恰到好处地为其服务,绝不能为使用而使用。

(2)人为增加辅助教学容量。多媒体课件不仅以文字、图表来传递信息,而且还以大量的图形、图像、声音来传递信息。在这种情况下,很容易形成传递的信息量过大的事实。围绕一节课的教学重难点,从不同角度、不同侧面进行强化,积极引导学生思维,可以加深学生对知识的理解,有利于教学目标的实现。现实教学中,由于多媒体的运用,普遍存在任意合并教学单元的现象。如"有丝分裂",应该用两课时进行教学:第一课时学习植物细胞的有丝分裂过程,第二课时学习动物细胞的有丝分裂过程,然后比较动植物细胞有丝分裂过程的异同点,最后总结有丝分裂的主要特征及意义。但是,有的教师用多媒体辅助教学时,一节课就把有丝分裂的问题解决了,表面上看似知识系统完整,实际上是把两节课的内容合并为一节课,在短短的45分钟内,让学生接受这么多的新知识,学生往往会消化不良。

(3)声音有利于学生获取信息。许多教师在制作多媒体课件时,文字、图像、声音并用,使课堂教学热闹非凡,课堂成了"展览会"。据专家研究,人类获取的信息有83%来自视觉,11%来自听觉,视听结合进行课堂教学有利于学生对教学信息的获取和记忆。有的课件配上了解说,但解说太简单,甚至不标准,直接影响了学生的理解;有的课件还配上了音乐,但音乐对思维有干扰作用致使有的学生被音乐吸引,而不理会所学知识。因此,要表现局部与结构等方面的内容时,尽量用静止的图片,教学课件除了必要的音响与解说外,尽量少用或者不用不能表现内容的声音,以免分散学生的注意力,影响教学效果。

(4)计算机取代其他媒体。从电教发展的历史看,20世纪初传入中国的幻灯机、投影仪等媒体并没有因录像机、计算机的出现而被淘汰,至今仍在广泛使用。美国学校的计算机普及率几乎达100%,但也仍在使用幻灯机、投影仪、录像机等各种教学媒体。从教学需求的角度看,电教硬件的发展并不是要用一种产品去替代另一种产品,各种媒体各有所长,并非可以互相替代。正如交通运输工具一样,飞机的速度最快,但它不能替代火车、汽车、轮船,而是这几种交通工具并存,人们各取所需。电教硬件发展的道理是一样的,常规媒体不会过时,应提倡多种媒体并存。

(5)多媒体教学代替教师教学。目前,许多多媒体课件都有详尽的与画面相匹配的解说与分析。有的教师认为当今的教育改革就是教学工具的改革,只要利用了多媒体教学,教学中的一切问题就可迎刃而解,整节课就点点鼠标,讲几句串词就算结束。教学过程中,学生就像看电影一样,教师成了"放映员",丢掉了"主导"地位;学生成了"观众",丧失了"主体"地位。事实上,教师在课堂上的主导地位是不可动摇的,尽管多媒体教学能代替教师进行讲授,但这只是代替了教师的一小部分工作,不能完全取代教师的作用。在多媒体辅助教学课堂上,教师始终要为学生提供学习信息,进行学习引导和学习监督,并且要对课件进行评价和解释,要把多媒体辅助教学软件作为一个为我所用的教学工具及为实现教学目标而采取的手段,绝不能让"电脑教师"取代自己,教师仍要做课堂教学的主导者。

(6)多媒体代替板书。板书技能是教师运用黑板,以凝练的文字、语言和图表等传递教学信息的教学行为方式。在教学中,教师科学正确地利用板书能充分协调师生活动,使学生思维与教师传授保持高度一致,进一步深化教学内容,巩固学生的感知量,突出课堂教学的重点。相反,如果一味依赖多媒体"板书",则显得机械、呆板,影响学生的思维发展及学习积极性。

(7)多媒体代替学生实验或演示实验。生物学是一门实验性学科,实验、观察、标本的采集和制作等在生物学科教学中有着十分重要的地位。这些教学手段对于培养学生学习生物学的兴趣,更好地理解生物学基础知识,掌握实验的基本技能,发展学生智力和培养学生的自学能力、观察能力、科学地分析和理解一些生命现象的能力具有极其重要的作用。虽然多媒体模拟实验的演示性和直观性都很强,但充其量只能培养学生的观察思维能力,而不利于学生动手能力的培养,也不利于对学生进行科学态度和科学方法的教育。当然,对于一些耗时太多、花费过高、在实验室中无法完成的实验,如生长素的生理作用实验、豌豆的杂交实验等,运用多媒体手段进行模拟倒是很可取的。

总之,多媒体辅助教学是不可能完全取代现行的教学方式的,它只能作为一种辅助教学的手段。在教学中,对多媒体的使用最忌"该用而不用,不该用而滥用",必须深入研究和恰当地设计、开发、运用多媒体,使之与其他教学手段有机结合,优化课堂教学结构,力求最大限度地提高效率,才能体现出多媒体辅助教学的真正价值。

【模拟训练】选择一种或几种演示类型,组织3~10分钟的微型课,对演示技能进行实践训练。设计教案需要注意以下几个问题:①为什么选择这种(或几种)教学手段,要达到什么样的教学目的? ②在演示中,语言和演示的结合采取什么方式? ③说明演示的条件和过程;④如何组织教学,详细说明教学过程。

五、变化技能

变化技能是课堂教学中信息传递、师生相互作用及教学媒体的转换技能,是教师利用对学生不同感官刺激的变化来引起学生注意、促进学生学习的行为方式。

(一)变化的作用

心理学家的研究表明,人类各个感觉器官接受信息的效率是不同的(表2-5),不同的学习方式记忆效率也是不同的(表2-6)。在课堂教学中,根据教学内容、人类接受和掌握知识的规律适时变化教学方法和媒体刺激,对提高教学效率具有重要作用。

1.引起注意

心理学研究证明,单一的刺激容易引起疲劳,引起学生注意是保证教学效率的基本条件。课堂教学中,教师运用变化技能,通过教态、语言、媒体等方式的交替变化,使变化的教学信息和教学活动刺激学生而引起其大脑兴奋中心的转移,引发无意注意,并使之向有意注意转化。

表2-5 人类不同感官接受信息的效率一览表

感官	感官效率(%)
味觉	1.0
触觉	1.5
嗅觉	3.5
听觉	11.0
视觉	83.0

表 2-6　人类不同学习方式的记忆效率一览表

学习方式	记忆效率(%)
读	10.0
听	20.0
看	30.0
听看结合	50.0
理解后表达	70.0
动手做及表述	90.0

2. 强化信息

从理论上讲,任何单一的感官很难接受一节课全部的教学信息。教师运用变化技能,就会刺激学生动用多种感觉器官参与教学活动,在教师启发、引导和点拨下,口、手、脑并用,不仅可以减少学生疲劳的程度,更能有效地强化信息的接受效果。

3. 激发兴趣

在单一的方法和教学媒体中,学生容易疲劳,使精力分散,降低学习效率。教师在课堂教学中科学运用变化技能,在感官上对学生形成刺激,消除学生大脑的疲劳,克服不良的情绪,学生的学习兴趣就会被激发。

(二) 变化的类型

教师教学变化大致可分为三种基本类型:教态变化、信息传输通道和教学媒体变化、师生互动变化。

1. 教态变化

教态是教师的语言、表情、动作等的综合表现,是相互沟通情感的一种行为方式,教师以此向学生传递信息。教态变化是最常用的,也是最便捷的教学技能。常用的教态变化有:动作的变化、声音的变化、节奏的变化和表情的变化等。

(1)动作的变化。教师在课堂上动作的变化主要是指教师在教室里位置和局部的动作的变化。

教师在课堂上的走动也是传递信息的一种方式,课堂上的走动一般有两种情况:一种是教师在讲课时不总是站在同一个位置,而是适当地走动;

另一种是在学生做练习、讨论、实验等活动时,教师在学生中间走动,缩小老师和学生之间空间与情感的距离。但教师在课堂上的走动,也不是随便地走动,它有许多原则:①走动要有控制,不能分散学生注意力;②走动或停留的位置要能方便教学;③教师走动的时间要符合学生的心理;④走动时要处理好局部与全局的关系;⑤教师在学生中间走动进行个别辅导,解答疑难的时候,要注意观察和关心每一个学生,对所有的学生给予同样的热情。

教师在教学过程中身体局部的动作如点头、摇头、比划、耸肩、皱眉头等,是教师教学形体语言的具体体现,对师生互动交流具有"只可意会,不可言传"的微妙效果。

(2)声音的变化。教师上课时,如果始终用一种平缓、单调、没有激情的声音,往往会使课堂气氛变得沉闷;如果在音质、声调和语速等方面做些适当的变化,就会使课堂变得富有生气。两种不同的课堂气氛,会有截然不同的教学效果。

(3)节奏的变化。教师教学时,不能平铺直叙、毫无间断,在教学过程中要有适当的停顿。如设问时给予学生适当的思考时间,反问时教师不要很快作答,教学过程中适当安排学生自学等,不仅可以使得课堂教学快慢结合、张弛有度,而且有利于学生对所学知识的理解和掌握。

(4)面部表情的变化。教师教学时,如果面带微笑、精神饱满,学生也会感到亲切、振奋,增强学习信心;如果教师面无表情、无精打采,学生会感到厌烦、垂头丧气。因此,教师要充分运用面部表情变化来表示自己的态度、要求,增加教学的艺术效果和感染力。

2. 信息传输通道和教学媒体变化

每一种信息通道的传输效率是不同的,而且任何单一的感官不可能完成对客观事物的全面认识。长时间使用一个信息通道,而不用其他的通道,则会增加信息的耗散。只有适当地变化信息通道,尽可能地使用不同的感官,才能更有效地向学生传输知识,有效地利用各种感官,有效地发挥各种感官的信息接收效率。

3. 师生互动变化

教师、学生、教学内容是课堂教学的三大要素。教学内容在教学过程中是以信息的形式存在的。学生获得知识的过程,也就是对信息进行加工处理的过程。所以,从信息论上说,课堂教学是由师生共同组成的一个信息传递的动态过程。按照信息传递的方向,信息交流的方式主要有四种:①以讲授法为主的单向交流方式,这种方式是教师教,学生学;②以谈话法为主的双向交流方式,这种方式是教师问,学生答;③以讨论法为主的三向交流方式,这种方式是师生之间互问互答;④以合作教学法为主的综合交流方式,这种方式是师生共同讨论、研究、做实验,是新课改中所倡导的合作学习方式。

在教学中,我们应采用多种方式与学生交流互动,及时了解学生的想法、学习中存在的问题,以便获得全面的信息反馈。以讲授为主的单向信息交流方式,从某种程度上来说,师生互动的方式过于单一。因此,在教学中还应加强谈话法、讨论法与合作学习的方式,把学生个体的自我反馈、学生群体的信息交流、师生之间的信息反馈与交流及时普遍地联系起来,形成一个多层次、多方位的立体信息交流网络,实现教师、教学内容、学生三者的最佳组合。

【模拟训练】选择一个需要情感变化比较丰富的课题,设计一个3～5分钟的微型课。教学设计时请关注:教师的走动、身体局部动作、面部表情、眼神的运用、声音、师生互动等多种变化方式。

六、板书技能

板书即教师为辅助课堂口语的表达而写在黑板上(或写在幻灯片上)的文字或其他符号。板书有两种:一种是在对教学内容进行高度概括的基础上,提纲挈领地反映教学内容的书面语言,往往写在黑板的正中,叫正板书;另一种是在教学过程中,因为学生听不懂或听不清,或者作为正板书的补充而随时写在黑板上的文字,一般写在黑板的两侧,叫副板书。板书是课堂教学中必不可少的教学行为。现代教学媒体虽然越来越多地介入课堂教学,但板书仍然保持着较高的教学价值和较高的使用率。

(一)板书的功能

1.优化教学内容

学生仅凭听课就理解一节课的全部内容是比较困难的,有了条理化的板书,学生边听、边看、边记,眼、耳、手、脑多种感官并用,互相协调,有助于学生理解教学内容。板书的内容还可以引导学生的思路,使学生定向注意和定向思考。所以,利用板书优化教学内容,不仅可以指示教学思路,而且可以帮助学生理解教学内容。

2. 强化信息记忆

板书配合口语教学,可以使学生听得更清楚准确,减少教学信息传播过程中的损失和干扰。板书所显示的一般是重点、难点内容,对学生课后的复习起引导提示的作用。

3. 激发学习兴趣

优秀的板书将繁杂的教学信息浓缩演化成简单明了、艺术化的符号结构,能激发学生的学习兴趣。

(二)板书的类型

在生物学教学中,根据教学内容和教学目的的特殊性,从教学实际出发,可将板书的主要类型分为:词语概括式、表格概括式、图文概括式三种基本类型。

1. 词语概括式

词语概括式板书是通过词语(包括生物专业术语)精练地概括教学主题的一种板书形式。

2. 表格概括式

表格概括式是把教学内容表格化。在生物学教学中,生物的形态结构和生理功能相适应的知识、不同生物类型之间比较的知识等教学板书都可以设计成表格概括形式。例如,有关人工选择和自然选择概念的教学内容可以通过表的形式加以板书。再如,通过表格的方式板书"复制""转录""翻译"三个概念并加以比较,学生就会更好地掌握这些容易混淆的概念。

3. 图文概括式

图文概括式板书借助文字、简笔画、线条和符号等概括教学内容,对提高学生的学习兴趣,加深理解教材内涵无疑具有重要作用。例如,讲解血液、组织液和细胞之间物质交换关系时可用图文概括式板书。

（三）板书的基本要求

1. 书写及时

在生物学教学中，什么时间书写大标题，什么时间书写小标题，什么时间应该写出教学结论，什么时间应该简笔绘画等，备课时要有周密的安排。例如，"营养繁殖"一节教学板书中，教师先把营养繁殖的两点意义留着不写，等讲到相关内容时让学生自己总结出营养繁殖的意义，再及时补写出这两点意义，必然会提高教学效果。

2. 字迹工整

板书不同于一般的文字书写，字迹要清晰可辨，切忌乱书乱画。字迹潦草的板书可能造成学生辨认困难、交头接耳，最终影响听课。板书写什么样的字，用什么样的词，字体形态是草书还是正楷，应该考虑学生的年龄特征、可接受程度、知识基础等后做决定。例如，教师在初一生物教学中写"二氧化碳"时用化学分子式"CO_2"作板书就不一定很妥当，因为初一的学生还没有学过化学。中等师范学校要比师范专科学校重视粉笔字的训练，师范专科学校要比师范大学重视粉笔字的训练，其原因恐怕就是考虑了学生的年龄特征等因素。

3. 美观大方

板书的美观大方主要是指板书整体布局要美观，再加上适当运用彩色粉笔和简笔板图，达到引起学生的兴趣以及赏心悦目的效果。

现今教师更多的是采用 Powerpoint 来代替板书。教师按照备课时准备好的投影片播放顺序，及时按动鼠标，各种标题、概念、名词、图形等可以一定的速度和路径出现在屏幕上，字体美观大方，学生不觉为之"心动"，自觉地参与到教学过程中来。无论采用什么教学手段和板书方式，由于教学面对的是活生生的学生，教师不可能完全在课前对可能产生的问题"了如指掌"，仍然要针对课堂上可能出现的问题，在黑板上"露一手"板书，补充教学投影片的不足。板书的技能不会因为多媒体手段的应用而无"用武之地"。

【模拟训练】选择一段教学内容，应用一种与之相适应的板书类型设计 3 ~ 5 分钟的微型课。教学设计时请注意：语言与板书结合的形式，板书的原则和要求。

七、导入技能

"万事开头难"是我们日常生活中常说的俗语,教学也是如此。如果一堂课没有开好头,学生就会感到兴趣索然,下面的课就难以进行。所以,教师要想上好一堂课,必须攻克"开头"难关,精心设计导言,引人入胜地导入新课。

导入技能是一项基本的教学技能,也是一项特殊的语言技能,即教师在开展一个新的教学内容或教学活动时使用导言(或引言)的技巧,是引导学生进入学习情境的一种语言行为方式。

(一) 导入的作用

德国教育家第斯多惠指出:"教学的艺术不在于传授本领,而在于激励、唤醒、鼓舞"。上课伊始,学生的学习心理准备难免不充分,师生之间难免存在一定的心理距离,教师有效的导入不仅可以集中学生注意力,激发学生的学习兴趣,还可以使学生及时明确学习目的,快速进入学习情境,使课堂教学事半功倍。新颖别致的导入,对学生产生强烈的吸引力,教学也就容易进入最佳境界。可以说,高超的导入艺术是一种创造,是教师教学智慧的结晶,为一堂课的有效教学奠定了基础。

(二) 导入的方法

导入的方法因教师、学生、教学内容及教学条件的不同而不同。常用的导入方法主要有:直接导入、经验导入、温故导入、实验导入、直观导入、设疑导入、事例导入、故事导入等。

1. 直接导入

直接导入即开门见山地提出学习目的及要求、教学内容及程序等。例如,"生命的起源与进化"教学导言:"今天我们开始学习新的一章——生命的起源与进化。这一章主要探讨地球上的生命是怎样起源和进化的。这是人们历来关心的问题,且也存在着不同的观点和看法,同时还有许多动人的故事和传说。今天,我们将要用科学的辩证唯物主义的观点进行学习和研究。下面,我们先来研究第一个问题——生命的起源。"

评价:这种导入方法直截了当,适用于那些前后知识关联不大、不便采用其他导入法的章节教学。

2. 经验导入

教师从学生已有的生活经验和熟悉的素材出发,用生动有趣的提问、谈话、讲解等方式导入新课。例如,教师在讲到心率、心动周期等有关知识时,指导学生用自己的右手食指和中指轻轻按在左手腕的内侧,感觉到有跳动时说:"这就是桡动脉的搏动,即脉搏,它与心脏的跳动是一致的。"接着,教师指导学生数一数自己一分钟的脉搏次数,然后分别统计班级里脉搏在 80 次及以上/分钟、70~79 次/分钟、60~69 次/分钟的人数。统计后,教师提示学生思考:为什么大家都静坐在教室里,而每个人的脉搏次数却不完全相同呢? 心脏在人的一生中都在不停地跳动,为什么不会疲劳呢?

评价:将这些大家凭自己的经验就能感觉到的,但不理解的问题提出来导入新课,不仅能使学生明确学习目的和重点内容,而且能使学生联系生活经验进行学习,更能激发学生的学习兴趣。

3. 温故导入

学习要遵循循序渐进的原则,只有掌握了较低层次的知识,才能保证理解和掌握与此相联系的较高层次的知识。有经验的教师,很注意新旧知识之间的衔接,讲述新知识时承前启后,温故知新,既降低了新知识的学习难度,又使学生将新学知识纳入原有的知识结构中去。例如,"根的结构"教学导言:"同学们,上节课我们学习了'根的组成',知道根或根系能向土壤深处伸长,并向宽处扩展,从而扩大根的分布范围。(点评:温故导入,这是承前,下面紧接着提出新的问题)那么,根是如何伸长或生长的呢? 根的所有结构是否都能生长呢? (点评:提这些问题是为了启发学生进一步思考,探究新知,这是在启后,下面紧接着点出本节课学习的主要内容)这节课我们就来学习'根的结构'。"

评价:能为学生创设良好的学习情境的导言,有利于启发学生思考,诱发学生渴望学习的心理,提高学生学习的主动性和积极性。

4. 实验导入

把实验安排在每节课的开篇,不仅便于进行探究,还能通过实验自然地导入新课。除了这些探究实验外,我们也可以设计一些小实验来导入新课。例如:在讲"根对水分的吸收"前,给学生布置一个小实验,让学生在课外完成。这个实验是让学生准备两个小萝卜或土豆,在上面各挖一个洞,在一个洞里面放满清水,另一个洞里放满盐水,放在阳台上观察。一天后观察洞中的水面变化,并用手捏一下萝卜或土豆,有什么感觉,试分析这是为什么。上课时,让学生讲述各自观察的现象,并分析原因。

评价:这个小实验,使学生亲身感受到细胞既可以吸水,也可以失水,其原因是由于洞里放的水不同(一个是清水,一个是盐水),实验导入为"根对水分的吸收"教学铺平了道路。

5. 直观导入

实物、标本、挂图、模型、投影等直观形式比口头语言更有说服力和真实感,可以加深学生对所学知识的理解,有利于培养学生的观察力和想象力。例如,在"骨的构造"教学导入时,教师先把长骨模型分发给学生观察,提示学生边观察边思考:①骨端和骨干的结构是否一样? ②骨密质是什么样的结构? 这种结构存在于哪个部位? ③骨髓腔中有些什么物质?

评价:教师利用模型直观演示,不仅使学生在观察实物的过程中获得了大量感性知识,而且突出了本节课的教学重点,自然而然地导入了新课。

6. 设疑导入

"学起于思,思起于疑",思维总是从问题开始的。教师在导入时巧布疑阵,设置悬念,使学生的思维波澜起伏,激起学生探索问题、解决问题的欲望,具有较好的教学效果。

【例1】"种子和果实的形成"教学导言:"同学们,谁能告诉我'麻屋子红帐子,里面睡了个白胖子'这则谜语的谜底是什么? (学生回答:是花生)那么,谜语中的麻屋子、红帐子、白胖子分别是指花生的哪部分结构呢?"

【例2】"减数分裂"教学导言:"我们已经知道,每种生物细胞中的染色体数目都是恒定的。例如,人的体细胞中有23对染色体,可是在生殖过程中,精子和卵细胞结合形成受精卵,由于受精卵的分裂和分化,逐步发育成胎儿。那么,胎儿细胞中的染色体是多少对呢? 如果是23对的话,也就是子代和亲代相同,这种恒定是在精卵结合时确定的,那么精子和卵子中各有多少条染色体呢? 它们的染色体数是怎样形成的? 这是我们这节课要解决的问题。"

评价:教师利用日常生活中常见的生命现象,学生较为熟悉的谜语及人体之谜等提出问题,激发学生的学习兴趣和思维活动,逐步引入新的课题。

7. 事例导入

在上课开始时,教师运用学生生活中熟悉或关心的事件(如学生身边发生的事情、电视新闻、生物学最新研究成果等),创设学习环境,使学生很快进入特定的教学情境之中。例如:某日,兰州地区遭遇特大沙尘暴,一天之内,沉降在兰州地区的沙尘达 25 万吨之多。地球环境的破坏已唤醒人类的环保意识,通过这则事例导入"生物与环境"的新课。

评价:利用学生耳闻目睹的身边事件导入新课,既理论联系实际,又有利于学生学以致用。

8. 故事导入

青少年学生喜爱听故事。在生物科学的发展过程中,科学家创造了很多经典的故事。教师可以根据需要把所要讲授的内容渗透到科学发明的故事中,巧妙地提出学习任务,把学生的注意力引导到教学目标上来。例如,在讲授昆虫的性外激素时,有位老师是这样导入的:"法国著名的昆虫学家法布尔,在 1904 年做了一个有趣的实验。他在一个风雨交加的夜晚,在一所被丛林包围的黑屋子里,把一只雌蚕蛾扣在纱笼里,狂风暴雨下个不停。当天晚上还是有 40 多只雄蚕蛾穿过风雨来交尾。第二天晚上,他在雌蚕蛾周围撒满樟脑丸和汽油,结果一点也没有影响雄蚕蛾前来寻找雌蚕蛾。是什么原因使雄蚕蛾能够风雨无阻地前来寻找雌蚕蛾呢? 原来是昆虫的性外激素起了巨大的作用。这节课我们就来学习昆虫的激素。"

评价:故事不仅可以引起学生的注意,而且可以大大提高学生的学习兴趣,具有明显的教学效果。

导入的方式还有很多,如:比较导入、布障导入、讨论导入、练习导入、幽默导入等。在教学中如何选用合适的导入方式,教师应该深入钻研教材,明确教学目标,根据学生的认知特点、教学设备和教师的教学习惯而定。"良好的开端是成功的一半",成功的导入为学生创设了一个良好的学习情境,为整节课的有效教学奠定了成功的基础。

（三）导入的结构

归纳上述不同类型的导入方式,都有如下共同的结构模式:引起注意—激起动机—组织引导—建立联系。

1. 引起注意

导入的构思与实施,要千方百计地把学生的心理活动保持在教学行为上,使与教学活动无关的甚至是有害的活动能迅速得到抑制,并采用多种方法引起学生的无意注意,并引向有意注意。

2. 激起动机

学习中最现实、最活跃的成分是认识兴趣,即求知欲。导入的目的之一就是利用各种方法把学生这种内在的求知欲调动起来。

3. 组织引导

导入要给学生指明学习的目标,安排学习的进度,引导学生定向思维,使学生有目的、有意义地进行学习。

4. 建立联系

通过导入使学生自然而然地进入新的学习课题,使导入和新课题之间建立起有机的联系,发挥导入的作用。例如,"叶的结构"导言设计:"同学们,你们有没有注意过秋天地上的落叶,是正面向上的多呢还是背面向上的多呢(引起注意)? 事实上,是背面向上的多。那么,为什么是背面向上的多呢(激起动机)? 在我们学完'叶的结构'后,就能了解其中的原因了(组织引导)。今天,我们就来学习叶的结构(建立联系)。"

（四）导入应注意的问题

1. 导入应具有针对性

导入要紧密联系教学内容、学生特点、学校条件和自身条件,具有针对性。

2. 导入应具有启发性

启发性是导入成败的关键,我们在设计导入时,要善于运用具有启发性的语言和方式启发学生的积极思维。

3. 导入应具有趣味性

导入必须引人入胜,最大限度地引起学生的兴趣,激发学生的学习积极性,使学生以最佳的学习心态投入到学习活动中。

4. 导入应具有艺术性

导入要讲究语言艺术,注重语言的准确性、科学性、精练性、思想性与可接受性,使新课的一开始就能激起学生的学习主动性和求知欲。

【模拟训练】请选择一个你感兴趣的课题,为之设计导入方法。

时间要求:3~5分钟。

注意事项:①你选择的导入方法与课题内容、目标有无内在联系? ②你的导入方法是如何促进学生学习的? ③你的选材是否恰当? ④你导入的是一节课、一个概念、一个原理,还是一个活动?

八、强化技能

强化是使有机体在学习过程中增强某种反应重复可能性的力量。教学中的强化即教师在教学中所采取的一系列促进和增强学生反应和保持学习力量的一种教学行为方式。

强化是课堂教学中一个重要的研究变量,它的方式很多,一句话、一个目光、一个手势、一个微笑,都可以增强或减弱学生的学习动力和情绪。

(一)强化的类型

教学中的强化一般有以下五种类型:语言强化、标志强化、动作强化、活动强化及变化方式强化。

1. 语言强化

当发现学生有了所期望的行为后,便给予语言的鼓励和表扬;当发现学生有了不期望的行为后,便给予批评,增加学生向所希望方向发展的倾向。语言强化有两种:口头语强化和书面语强化。

口头语强化是教师对学生进行口头肯定、表扬、鼓励或批评。书面语强化是教师在学生的作业、练习簿或试卷上撰写批语,对学生的学习进行强化。书面语强化不能只简单地写"阅""好""不好",要给出恰如其分的批语和评价,让学生感受到你在注意他(她)。

在对学生进行语言强化的时候,应坚持以表扬为主的原则,尽量少用批评。必要的批评、切实的指正是教育不可或缺的手段,但不可滥用。

2. 标志强化

标志强化又称符号强化。教师用一些醒目的符号、色彩的对比等来强化教学活动。比如,我们板书时,可以适当地应用彩色粉笔,或使用"△""→"等符号来强化教学内容。奖状也是一种标志强化。

3. 动作强化

动作强化也称体态语言强化,是指教师运用非语言因素的身体动作、表情和姿势等,对学生在课堂上的表现表示态度和情感的教学行为。一个会意的微笑、一种审视的目光,都可以把教师的情感传递给学生。常用的动作强化有:手势、目视、点头或摇头、接触或沉默等。一个教师的教学魅力也可以通过动作语言表达出来,教态也是衡量一个教师素质的基本技能。

4. 活动强化

学生的学习活动本身也可以作为一种强化因子,即设计一些学生感兴趣的学习活动,让他们参与,可以起到促进学习的强化作用。如在一堂课上,我们通常通过各种活动先引入正课,把学生学习的积极性调动起来,然后进入概念、法则、原理的学习。经过一阵紧张的思维活动之后,我们就可以提出一些生动有趣的问题,或者安排实验或其他活动,做到有张有弛。通过解决问题来深化、巩固学习,这是对理论知识的强化。

5. 变化方式强化

变化方式强化是教师运用变换信息的传递方式,使学生增强对某个问题反应的一种强化。对同一教学内容如概念、规律等,教师采用不同的强化刺激,反复多次,达到促进学习的效果。例如,在讲述人大脑的结构时,让学生观察大脑标本,然后拆卸大脑模型,最后再演示大脑的解剖挂图,以不同的方式进行强化。

(二)强化的时机

心理学的研究表明:强化的时间对于强化是否有效具有很大的影响。教师在运用强化时,一定要注意强化的时机。

当所期望的行为一经出现,就及时给予奖赏,力求得到及时强化;当这种行为已经相当巩固了,再减少强化的次数,直至最终在每间隔一段时间后,偶尔给予强化。这种间歇性的强化对于保持已经养成的行为,比经常的或有规律的强化更为有效。

对于学习和纪律行为较差的学生,要注意强化他们微小的进步,不要强化我们希望消除的行为,如对爱闹事爱出风头的学生特别注意、同持对立态度的学生争吵、帮有依赖性的学生做事等,都会使他们的不良行为得到鼓励。

力求将正强化与负强化交替运用。一般来说,对某一学生的奖赏可能是对另一学生的惩罚,反之亦然。所以,抓住适当的时机,将正强化与负强化交替运用,能取得较好的效果。

【模拟训练】选择一节教学内容,设计一节 5~10 分钟的微型课。教学设计时请注意:采用提问教学法,"学生"要尽量多提些问题,看"教师"能否及时地对学生的行为作出反馈与强化。

九、组织技能

课堂教学有两种基本的活动:一种是教学活动,一种是组织活动。组织技能即人们所说的"驾驭课堂",是指教师不断地组织学生注意,管理纪律,引导学习,建立和谐的教学环境,帮助学生达到预定教学目标的一种教学技能。那么,怎样组织教学呢? 就一节课而言,一般体现在教学时间分割、教学内容组织和师生交往方式等方面。

(一)教学时间的分割

在课堂教学中,怎样利用时间是一个值得探讨的问题,要想达到优化教学管理,提高效率,最根本的就是要节省时间。因此,在课堂教学中必须树立很强的时间观念,加强教学的计划性、针对性,不要面面俱到,要注重重难点的突破,根据学生的实际,尽可能提高教学效率。

一堂课45 分钟的时间可按课堂教学的进程进行科学的分割。根据学生上课注意力的强弱程度,呈现倒三角形的规律,即30 分钟为传授主要教学内容时间,15 分钟为组织学生练习或复习巩固时间,其大致分配如下:

(1)导入:即激发学习兴趣阶段,3~5 分钟。

（2）学生感知：即尝试学习阶段，8～10分钟。

（3）师生合作：即授课阶段，18～20分钟。

（4）总结巩固：即反馈回授阶段，3～5分钟。

（5）学习迁移：即练习阶段，3～5分钟。

课堂教学时间的分割，一般来说应遵循以上方案，但具体运用时，不可拘泥于形式，而应根据不同内容、不同学生，从实际出发，合理安排教学时间。下课铃响，应立即下课，最好不要拖堂。

（二）教学内容的组织

教学内容的组织一般要求做到：定向、定量、定度、定序和定势。

（1）定向：教学应具有明确的教学目标。

（2）定量：教师要对每堂课的教学信息量做到心中有数。过少，学生"吃不饱"；过多，可能又"消化不良"。

（3）定度：即教学所要达到的程度和水平，教师要掌握好分寸。程度过浅，学生学得不起劲，没兴趣；程度过深，学生不理解。该快不快，就会成了"休息课""橡皮课"；该慢不慢，学生学习跟不上，做成了"夹生饭"。因此，教学必须定度，从学生的实际出发，适应学生的实际需要。

（4）定序：教师根据教学内容的逻辑系统和学生的认知心理，充分考虑先讲什么，再讲什么，最后讲什么，使得段段相连，环环相扣，层次分明，循序渐进。

（5）定势：也叫心向，即思维定势。教学过程中，我们常常先复习旧知识，以引起学生对新知识的准备，就是定势的运用。定势有积极作用，也有消极作用。复习旧知识，为学习新知识做准备，这是定势的积极作用；如果脑子里固有的知识是错误的、不全面的，或是旧的观念，就会影响新知识的生成，这是定势的消极作用。我们应尽量发挥定势的积极作用，避免定势的消极作用。

（三）师生的交往方式

从师生的交往方式来看，课堂教学的组织形式，一般来说有全班教学、小组教学和个别教学三种。

（1）全班教学：这种组织形式最常见、最普遍，全班学生进度一致，便于管理。

（2）小组教学：从教学需要出发，把一个班的学生暂时分成几个小组进行教学。既可按不同程度的学生分组，也可按学生的学习兴趣分组。这种教学组织形式便于进行讨论和交流，但教师必须进行适当的调控，否则，容易失去控制。

（3）个别教学：教师因材施教，针对个别学生的不同情况给予指导和辅导。个别辅导运用得好，可以在很大程度上提高教学效果。但在实际应用中，如果只对某一个学生或几个学生过分单独辅导，就会影响大多数学生的学习兴趣。

课堂教学的组织要灵活，尽量做到"管而不死，活而不乱"。既尊重、爱护学生，又严格要求、严格管理；既热烈紧张，又秩序井然；既"动中有静，静中有动，动静结合"，又"收中有放，放中有收，收放自如"，使课堂教学富于变化，充满生机。

【模拟训练】针对中学课堂上可能出现的诸如迟到、看课外书、做其他学科作业、睡觉、吵架等课堂违纪行为，设计 3～5 分钟的微型课，注意角色扮演。

十、结束技能

如果把一堂富有教学魅力的好课比喻成一支婉转悠扬的乐曲，那么"起调"（导入）必须扣人心弦，"主旋律"（中心授课）必须引人入胜，"终曲"（结束）必须余音绕梁。完美的教学必须善始善终，结束技能也是衡量教师教学水平的重要标志之一。

（一）结束的作用

1.加深印象，增强记忆

结束可以将本节课的中心内容加以总结归纳，提纲挈领地加以强调、梳理或浓缩，使学生将学到的新知识理解得更加清晰、透彻，抓住重难点，记忆更牢固。

2.完善系统,承前启后

知识间有严密的逻辑性和系统性,新旧知识有必然的内在联系。通过结束帮助学生将所学知识系统化,形成知识网络。在总结中为新课创设教学意境,埋下伏笔,使前后内容衔接严密,过渡自然。

3.指导实践,培养能力

新课结束后,有针对性地做一些练习或提出具体的实践活动,对提高学生运用所学知识分析、解决问题的能力大有裨益。

4.及时反馈,教学相长

教师设计一些练习、实验操作、改错评价等活动,从中及时了解学生学习中的困难和对知识掌握的程度,以便改进教学。

(二)结束的方法

一节课怎样结束,没有固定的模式,教师要根据实际教学的需要来决定。一般来说,结束有认知型结束和开放型结束两大类型。

1.认知型结束

认知型结束又称封闭型结束,其目的是巩固学生所学到的知识,把学生的注意力集中到课程的重难点上去。认知型结束又可细分为系统归纳式、区别对比式、竞赛活动式等基本方式。

(1)系统归纳式。就是用准确简练的语言,提纲挈领地把整节课的主要内容加以总结概括,给学生以系统、完整的印象,促使学生加深对所学知识的理解和记忆,培养其综合概括能力。总结可以由教师做,也可启发学生做,教师再加以补充、修正。这种结束方式是生物课堂结尾的最常用方式。

例如,"种子的成分"的结束设计:在学生实验结束后,教师提问"通过实验证明了种子包含哪些成分?"教师再根据学生的回答帮助学生形成正确的认识"种子的成分包括有机物和无机物,有机物主要是糖、蛋白质和脂肪,无机物主要有水和无机盐。"

(2)区别对比式。在一个教学内容结束时,将教学中的一些容易混淆的知识加以区分和对比,帮助学生加深记忆和理解。

例如,"茎的结构"的结束设计:学生最容易混淆的是韧皮部和木质部的位置、结构和功能,教师在结束时引导学生利用结构图,从概念本身的含义加以分析,韧皮部与树皮有关,在外侧;木质部与支撑、运输水分有关,在茎的内部,从而将两者区分开来。

(3)竞赛活动式。对于一些比较枯燥无味或实践性较强的教学内容,在结束时可以用稍长一点的时间来开展有关内容的竞赛活动,使学生在活动的过程中巩固知识。竞赛的形式应有趣、多样,规则简单易行,能使多数人参与。如果准备时间比较长的话,可以让每小组学生出题,在小组之间相互提问、应答。

例如,有关环境保护的内容,可以开展环境保护知识竞赛,每小组有必答题、选答题、抢答题和互问题等,以此来调动学生的学习积极性,巩固环境保护知识。

2.开放型结束

开放型结束是一个与生活现象、其他学科或后续课程联系比较密切的结束类型。教学内容完成以后,结束时不只限于对教学内容要点的复习巩固,而且要把所学知识向其他方向延伸,以拓宽学生的知识面,做到理论联系实际,引起更浓厚的研究兴趣或把前后知识联系起来,使学生的知识系统化。开放型结束可以细分为悬念存疑式、拓展延伸式、激励式等基本方式。

(1)悬念存疑式。教学中,前后章节之间的联系非常密切,在前一部分完成时可以把下一部分内容的重点或学生感兴趣的内容提示出来,然后告诉大家"欲知后事如何,请听下回分解。"也可以根据本节课内容提出几个问题让同学们思考,这样承上启下的结束,往往能激发学生浓厚的兴趣。

例如,"叶的结构"的结束设计:通过本节课的学习,我们知道叶肉细胞内有叶绿体,它和植物的生活有密切关系。那么,植物的生长为什么需要光呢?我们还知道叶脉里有导管运输水分和无机盐,还有筛管运输有机物,水分和无机盐是根从土壤里吸收来的。那么,有机物从哪儿来呢?有机物、叶绿体、光三者之间有什么联系呢?这就是我们下节课要学习的"光合作用",如果你有兴趣的话,请课外阅读教材或有关光合作用的科普读物,看你能提出什么问题,我们下节课一起来探讨研究吧!

(2)拓展延伸式。拓展延伸是将教学内容向社会实际、生活实际、学科发展前沿开展延伸,使学生了解学习的价值,引发学习的间接兴趣。有的学生树立终生发展志向往往就是从这里开始的。

（3）激励式。在生物科学的研究发展中，还存在着许多的未解之谜。在新课结束时，可联系与本课有关的问题，用激励的话语来鼓励他们学好生物课，以便为将来探索生物学领域中的奥秘打下基础。

例如，"光合作用"的结束设计：在完成"光合作用"教学后，教师告诉学生"光合作用还有许多秘密尚不清楚"，如果光合作用奥秘一旦被完全破解，我们就可以自建工厂，人工制造粮食，再也不需种田了，这将是对传统农业的一次革命！

在生物教学结束时，教师要有意识地多向学生介绍些生物与疾病、食物、能源、环境、资源等的关系及存在的难题和未解之谜，不但可以激发他们学习生物课的兴趣，而且还可以培养他们攀登科学高峰的进取心。

（三）结束的程序

结束的程序大体上包括：简单的回顾、提示要点、巩固应用、拓展延伸等四个阶段。

1. 简单的回顾

简单的回顾不是原样重复，而是提纲挈领地把知识联系起来，整理认知思路，给学生一个完整的印象。

2. 提示要点

指出本节教学内容的重点、关键是什么，必要时可作进一步的具体说明，进行巩固深化，做到以点带面，用重点、关键问题把知识联系起来。

3. 巩固应用

把所学知识应用到新的情景中去，解决新的问题，在应用中巩固知识，激发思维活动，培养学生解决问题的能力。

4. 拓展延伸

为了开阔学生的思路，把所学知识与生活、生产、社会实际联系起来，使学生认识所学知识的价值，把前后知识联系起来形成知识系统，扩展学习内容，学到活的知识。

【模拟训练】选择一个你感兴趣的课题，设计一个3～5分钟的微型课，并进行结束技能训练。设计教案时请关注：①结束时，你是否感到学生有收获？②结束时，你是否强化了学生的学习？③你选用的结束方法本身是否有趣,是否增强了学生对本课程的兴趣? ④你的结束与教学内容之间的关系是否一目了然? ⑤结束时,你感觉达到教学目标了吗?

以上生物学教学的十种技能,是生物教师进行教学工作所必须具备的。正像外科大夫必须具备手术技能才能进行临床手术一样,作为一名合格的生物教师,也必须具备必要的教学技能才能走上讲台。对于教学技能的学习必须进行实际操作和训练,才能形成真正的技能。

【教学模拟训练】

组建模拟教学小组,合作备课,资源共享,各显特色。每组轮流由一名同学模拟授课,其他同学模拟学生。每组推选一名主持人,负责组织小组同学模拟教学、交流、评价。

时间要求:每人授课时间不要超过 15 分钟。

教学技能:各种技能最好能综合运用,特别是导入、提问、语言、讲解、变化、版书、结束技能。

教学媒体:自选,可以使用多媒体。

模拟评价:评价分个人自评、他人评价和老师评价,分别由模拟授课人、一名同学和主持人模拟评分,取三人的平均分作为模拟授课人模拟教学成绩。

第三节　中学生物教学之说课技能实训

说课,作为一种教学研究活动,由河南省新乡市红旗区教研室于 1987 年最先提出来。说课是指教师在备课基础上,面对领导、同行或评委,在 10 ~ 15 分钟内,用口头语言讲解具体课题的教学设想及其依据的一种教研活动,它是教师将对教材的理解、对教法及学法的设计转化为"教学活动"的一种课前预演,也是督促教师业务学习和进行课堂教学研究、提高业务水平的重要途径,还是评估教学水平的有效手段。实践证明,说课能有效地调动教师投身教学改革、学习教育理论、钻研课堂教学的积极性,是提高教师素质,培养造就研究型、学者型青年教师的有效途径。目前,说课已被用人单位在招聘面试中作为选拔新教师的一种重要方式。

一、说课的类型

(一)检查性说课

领导为检查教师的备课情况而让教师说课,此类说课比较灵活,可随时进行。

(二)示范性说课

学校领导、教研人员、骨干教师共同研究,经过充分准备后进行的说课,目的在于为教师树立样板,供其学习。

(三)研究性说课

是为突破某一教学难点、解决教学中某一关键问题而进行的说课。此类说课往往和授课结合,课后再进行深入研究,并将研究结果形成书面材料。

(四)评价性说课

通过说课对教师的教学水平给予评价,常用于开展各类竞赛活动。

二、说课的特点

(一)简易性与操作性

说课不受时间、空间、人数限制,又不牵涉学生,简便易行,具有较强的可操作性,能很好地解决教学与研究、理论与实践相脱节的矛盾。

(二)理论性与科学性

在备课中,虽然教师对教材作了分析和处理,但这些分析和处理有很多感性的成分。通过说课,从理性上审视材料,就可能发现备课中的种种疏漏,再经过修改教案,疏漏就会得到弥补。从这个意义上说,它能帮助教师更好地吃透教材。

说课的准备过程是教师驾驭教材、优化教学设计的过程。说课不仅要说明怎么教,还要说明为什么这样教。这就迫使教师要去学习教学理论,更深刻地思考问题。

(三)交流性与示范性

说课是一种集思广益的活动,无论是同行,还是教研员都可以评议说课,切磋教艺,交流教学经验,对说课者具有最实际最贴切的指导作用。

当然,说课也有局限性。第一,看不到教师临场发挥、处置和随机应变的教学机智,看不到学生掌握知识形成能力的实际效果。第二,在具体实施过程中,也有说得好、教得不好,或者教得好、说得不好的现象。所以,在开展教学研究活动中,不能简单和孤立地看待教师说课的好与坏,要把说课评价与课堂教学评价结合起来。

三、说课的内容

说课的内容包括:说教材、说教法、说学法、说教学过程。

(一)说教材

说教材,是指教师说明对教材的分析和理解,主要说准以下三个方面的内容:

1.准确分析教材

在认真阅读、钻研教材的基础上,分析说明教材的编写思路、结构特点、作用地位以及重点和难点等。任何一门课程的教材,从其知识内容到编排形式,都会构成一个系统。要说出对教材的整体把握,就需要明确本课程或章节内容在整个学段或年级的教材系统中所处的地位及其作用。只有明确了这一点,才能在教学中注意前后知识的内在联系,准确认定教材的重点和难点,从而提高课堂教学效率。

"输血与血型"教材分析

"输血与血型"是人教版生物七年级下册第四章第四节内容。教材通过前面的介绍让学生对血液循环系统形成一个完整、清晰的认识,在此基础上,特意把与现实生活关系密切的"输血与血型"单独安排一节,是对新课程目标中情感态度与价值观培养目标的全方位体现。因此,本节内容在全章占有十分重要的地位。

本节文字量不多,知识量也较少,但是却与人类生活有十分密切的关系。这些内容学生也很感兴趣,渴望获得相关知识的欲望也很强烈。基于此,正好鼓励、支持学生课前通过上网等多种途径查阅、收集、了解有关血型与输血的知识,并展开调查,课上交流。通过学生丰富的感性体验与深刻的感悟,来实现情感态度与价值观培养目标的有效达成。

2. 阐明教学目标

教学目标是备课时所规划的教学结束时所要达到的教学效果。教学目标越明确、越具体,说明教师的备课越仔细、越充分,教法的设计越合理。阐明教学目标要从知识目标、能力目标、情感态度与价值观目标三个方面加以说明。

"叶片的结构"教学目标

根据课程标准对课程目标三个维度的划分以及对教材的分解和我对学生的了解,我将本节课的教学目标定为以下三大方面。

【知识与能力目标】通过识别叶片的结构,说出叶片与光合作用相适应的结构特点,使学生获得栅栏组织、叶肉、叶脉及气孔等基本概念。

【过程与方法目标】通过尝试制作叶的徒手切片,用显微镜观察叶片的结构,使学生的基本技能、实践能力和思维能力等方面得到一定的发展。

【情感态度与价值观目标】通过参与制作徒手切片,体验实验活动过程,培养学生严谨认真的科学态度,并强化安全意识,进一步领会科学探究的一般方法。

3. 突出重点、难点

一般每节生物课的重点也就是本节课的教学重点。而难点是指学生难以理解、难以接受的地方。在实际教学中,往往教学重点就是教学难点。

"心脏"的教学重点、难点分析

【教学重点】人体的心脏和与其相连的血管关系复杂,它们共同构成血液流动的管道。心脏是促使血液在这个管道中流动的重要动力器官,掌握这部分知识为下一节"血液循环"奠定了基础。因此,心脏的结构和与其相连的血管是本节课的重点。

【教学难点】血液在心脏内只能按一定的方向流动,即从心房流向心室,从心室流向动脉,而不能倒流。这是由于心脏内具瓣膜,心脏瓣膜只能朝一个方向开启,从而控制血液在心脏内按一定方向流动。那么,心脏瓣膜的位置及其开启、关闭与心脏内血流方向的关系是比较抽象和复杂的,是学生较难理解和掌握的,为本节课的难点。

在准确分析教材,阐明教学目标和突出重点、难点的常规说教材内容基础上,教师可以明确提出个人对教材的独特见解,如对教材内容的重新组合、细微调整及另类处理的设计思路等,凸显教师个性思维的亮点。

(二)说教法

说教法,是指教师说明在分析教材、掌握学生实际基础上所采用的教学方法,主要说清以下两个方面的内容:

1. 教学方法的选择

一般来说,任何一节课都是多种教学方法的综合运用,说课者要注意说明这节课的教学内容应以哪种教学方法为主,采用哪些教学手段,理论依据是什么。无论以哪种教法为主,都是结合学校的设备条件以及教师本人的特长而定的,要注意实效,不要生搬硬套。教学方法的选用阐述不能太笼统,只说一个概念性的"启发式"教学方法,而没有"如何启""如何发"的说明,那是停留在表面、无实质的教学方法。

"心脏"的教法设计

配合现代化多媒体教学手段,运用启发、观察、对比和综合的方法,采用展开式网络知识结构教学法进行教学。利用电脑多媒体教学,把电、声、光结合起来,实现声、像、图、文统一,真实、形象、生动地展示生物体,把抽象的内容形象化、具体化,吸引学生的注意力,使学生获得生动的感性认识,激发学生的学习兴趣。而网络式知识结构层次清楚、科学、简洁,符合生物学逻辑体系和学生的认识规律,有利于学生各方面能力的培养。

2.教具和学具的准备

教具和学具的设计、运用和演示是极其重要的,说课者要结合教学内容和教学过程,说明如何设计和运用教具和学具,为实现教学目标服务。

"根尖的结构"的教法设计

本课沿着"引导观察—归纳整合—检测达标"的思路构建课堂。教学活动以观察、讨论为主,使学生通过观察获得感性认识,再通过讨论、分析、归纳得出结论,符合认识规律。在学习每个知识点之前,教师都提出问题,引导学生带着问题观察,同时不断收集信息,课中用板书检测,课末用目标检测,及时反馈矫正,控制整个课堂节奏,始终处于"导"的位置。而学生作为课堂中的主体始终处于动手、动口、动脑的参与状态。

(三)说学法

学法,即学习方法,是学生完成学习任务的手段或途径,是学生获得知识、形成能力过程中所采取的基本活动方式和基本思想方法。从学法指导来看,现代教育对受教育者的要求,不仅是学到了什么,更主要的是学会怎样学习。教师必须说明如何根据教学内容,围绕教学目标指导学生学习,教给学生什么样的学习方法,培养学生哪些能力,如何调动学生积极思维,怎样激发学生学习兴趣等,从而体现以学生为主体,充分发挥学生在教学活动中的主体作用。说学法主要说明以下三个方面的内容:

1.学习方法指导

宏观上,要说明如何指导学生在学习过程(如:预习—听课—复习巩固与完成作业—小结)的不同环节,逐步学会选择适合自己实际的预习、听课、阅读、总结等学习方法。微观上,要说明在教学过程中如何渗透学法指导,帮助学生在学习过程中掌握怎样解决问题的能力。

2.学习能力培养

根据教学内容的特点,可从注意力、观察力、记忆力、想象力、思维能力等方面选择一至两个作为重点进行训练与培养。

3. 学习兴趣激发

从心理角度看,调动学习积极性和激发学习兴趣属于非智力因素的范畴,但对提高学习效率是极其重要的。学生只有对学习内容产生了兴趣,才能注入学习的思想、精力,积极去体验,努力去获取。

"生物对环境的适应和影响"的学法设计

通过观察、讨论、分析去发现知识,逐渐培养自主学习的习惯和能力,通过课前的探究活动和课上的交流,体验知识获得的过程,感悟科学探究的方法,体会同学间合作的魅力,尝到探究性学习的乐趣。同时也提高了分析问题的能力和语言表达能力,并进一步掌握科学探究的一般方法。

说学法不能停留在介绍学习方法这一层面上,要把主要精力放在解说如何实施学法指导上。特别在当今的新课程改革中,转变学生的学习方式,倡导以"主动参与,乐于研究,交流与合作"为主要特征的学习方式,是新课程改革的重中之重,这也将成为我们所有教师教学中的"指挥棒"。

要说好学法,第一,必须要深入研究学生,处理好课堂教学中的师生关系,重新摆好师生的位置;要改变陈旧的师者在讲台上滔滔不绝,"我讲你听",学生在下面目不斜视,"你问我答"的教学模式。第二,要注重对某种学法指导过程的阐述,如说明教师是通过怎样的情景设计,学生在怎样的活动中,养成哪些良好的学习习惯,领悟出何种科学的学习方法等。

(四)说教学过程

说教学过程是说课的重点,只有通过这一过程的分析,才能看到说课者独具匠心的教学安排,才能反映出教师的教学思想、教学个性及教学风格;也只有通过对教学过程设计的阐述,才能看到其教学安排是否合理、科学,是否具有艺术性。说教学过程主要说出以下五个方面的内容:

1. 教学程序

教学程序不仅是教材分析、教法设计和学法指导的综合运用,而且是对教学活动各个环节的具体规划。教学程序主要包括以下六个环节:

(1)导入新课:根据教材内容和学生特点,采取合适的方法,创设情境,导入新课。

(2)讲授新课:根据教学目标、重点、难点,确定讲授新课的结构、思路。

(3)课堂练习:随堂检查、巩固重难点知识。

(4)内容小结:强化重点,巩固概念。

(5)布置作业:系统检查,反馈信息。

(6)板书设计:提纲挈领,突出重点。

说教学程序重点说教学的基本思路及依据(即"为什么这样教"的理论依据:课程标准依据、教学法依据、教育学和心理学依据等),对于教学过程只需概括介绍,使听讲人能听清楚"教什么""怎样教"就行了,不能像给学生上课那样讲。

"植物的呼吸作用"的导入教学设计

【多媒体课件展示】一只小白鼠生活在密闭的玻璃钟罩(A 装置)内,另一只小白鼠生活在有绿色植物的密闭玻璃钟罩(B 装置)内,将 B 装置用黑布罩起来。【提出问题】这两只小白鼠哪一只先死去? 能用学过的知识分析一下原因吗? 在学生回答之后,进一步用课件展示小白鼠生活的环境。【讲故事】一个科学家做过这样一个实验,如图中装置,结果,他发现 B 装置中的小白鼠不久就死了,而且寿命比 A 装置中的还短。【组织讨论】请全班同学讨论,这是为什么呢?【导入新课】总结学生的答案得出:不仅动物的呼吸作用需要氧气,植物的呼吸作用也需要氧气,引出本节课课题:植物的呼吸作用。并展示形象画面,提出问题,启发思考,调动学生的学习热情,从而引入下一阶段的教学。

2.师生互动

说明怎样运用现代教学思想指导教学,怎样体现教师的主导作用和学生的主体作用的和谐统一,教法与学法的和谐统一,知识传授与智能开发的和谐统一,德育与智育的和谐统一。

3.重点与难点的处理

说明在教学过程中,怎样突出重点,如何解决难点,具体运用什么方法。

"心脏"的难点突破教学设计

在学生掌握心脏的结构和与其相连血管知识的基础上,讲授心脏的瓣

膜的位置及其开启、关闭与心脏内血流方向的关系,这部分内容是本节课的
难点,可利用多媒体手段循序渐进地进行教学。首先,指导学生阅读课文32
页第二自然段,通过指导阅读,培养学生的自学能力。然后,播放猪心解剖
录像,使学生看到活生生的心脏,增强真实感。在看录像的同时,要求学生
判定心脏的各个方位,学会识别心脏的四个腔,认识心脏瓣膜位置、形态、结
构和开启方向,进一步促进学生牢固地掌握人体心脏的知识。由此及彼,让
学生学习人体器官的观察方法,培养学生的观察能力。为了帮助学生进一
步理解心脏瓣膜控制血流方向的作用,播放"血液在心脏内流动"的多媒体
动画课件,显示血液在心脏内和与其相连的血管间的流动与心脏瓣膜开闭
关系的情况。在学生观看时,教师可设问:同学们在银幕上看到的血液如何
流动? 心脏的瓣膜有何作用? 让学生思考,从而归纳出瓣膜的开闭与血液
流动的关系及瓣膜的作用。这样,通过多层次、多方位的反复观察和教学,
难点被逐一突破,既提高学生的学习兴趣,发挥学生的学习主动性,又能让
学生牢固地掌握所学的知识。

4. 辅助教学手段

说明选用什么样的辅助教学手段,什么时候用,什么地方用,这样做的
道理是什么。

5. 板书设计

说明或展示板书的结构、层次及书写要求等。

总之,说教学过程,要注意运用介绍或综述的语言,不必照搬教案,尽可
能避免课堂教学语言,以便压缩篇幅,使听者一听就明白。

四、说课的基本要求

(一)说课要有饱满的激情

激情是一种迅速强烈地爆发而时间短暂的情感。积极的激情与冷静的
理智、坚强的意志,能激励说课人克服困难,攻克难关,成为说课的巨大
动力。

（二）说课要有稳定的心境

心境是一种微弱平静而持续的情绪状态。说课要有稳定的情绪，要树立起坚定的信心，不急不躁，才能使自己的说课水平得以充分的发挥。否则，无论准备得多么充分，也有可能发挥失常。

（三）说课要有满腔的热情

热情是一种强有力的稳定而深刻的情感。说课是一种新型教学研究活动，要求教师既要有深厚的文化专业知识，又要有较好的教育教学理论知识，更需要有较强的理论联系实际的应用能力和研究能力。说课过程中，不可避免地会遇到一些困难和问题，要想顺利完成说课，解决随时遇到的困难和问题，没有热情是无法做到的。

情感是决定人的工作效率的重要心理因素。我们只有化消极的情感为积极的情感，用饱满的激情、稳定的心境、满腔的热情投入到说课活动中去，才能使说课活动结出丰硕的果实。

五、说课与备课的关系

（一）相同点

（1）主要内容相同：说课与备课的教学内容是相同的。

（2）主要任务相同：都是课前的准备工作。

（3）主要做法相同：都是要学习课标，吃透教材，了解学生，选择教法，设计教学过程。

（二）不同点

（1）概念内涵不同：说课属于教研活动，要比备课研究问题更深入；备课是教学任务如何完成的方法步骤，是知识结构如何转化为学生认知结构的实施方案，属于教学活动。

（2）对象不同：说课是面对其他教师，说明自己为什么要这样备课；备课是要把结果展示给学生,即面对学生去上课。

(3)目的不同:说课帮助教师认识备课规律,提高备课能力;备课是以面向学生为目的,促使教师搞好教学设计,优化教学过程,提高课堂效率。

(4)活动形式不同:说课是一种集体进行的动态的教学备课活动;备课是教师个体进行的静态教学活动。

(5)基本要求不同:说课教师不仅要说出每一项具体内容的教学设计,做什么,怎么做,而且还要说出为什么要这样做,即说出设计的依据是什么;备课的特点就在于实用,强调教学活动的安排,只需要写出做什么,怎么做就行了。

六、说课与上课的关系

(一)相同点

1.围绕同一个主题
说课是对课堂教学方案的探究说明,上课是对教学方案的课堂实施,两者都围绕着同一个教学课题,从中都可以展示教师的课堂教学艺术,都能反映教师语言、教态、板书等教学基本功。

2.同为一个目标
说课说出了教学方案设计及其理论依据,使上课更具有科学性、针对性,避免盲目性、随意性;上课实践经验的积累,又为提高说课水平奠定了基础。两者的最终目标同为提高教学质量。

3.体现同一个结果
一般来说,从教师说课的表现可以预见教师上课的神情;从说课的成功,可以预见其上课的成功。说课和上课均能体现教师的教学水平。

(二)不同点

1.要求不同
上课主要解决教什么,怎么教的问题;说课则不仅解决教什么,怎么教的问题,而且还要说出"为什么这样教"的问题。

2. 对象不同

上课的对象是学生,说课的对象是具有一定教学研究水平的领导和同行。由于对象不同,说课比上课更具有灵活性,它不受空间限制,不受教学进度的影响,不会干扰正常的教学。同时,说课不受教材、年级的限制,也不受人员的限制,大可到地区、学校,小可到教研组。

3. 评价标准不同

上课的评价标准除关注教师课堂教学方案的实施能力外,还注重课堂教学的效果,注重学生接受新知、发展智能的情况;说课的评价标准主要关注教师掌握教材、设计教学方案、应用教学理论及展示教学基本功等方面,而对其效果无法评价。一般认为,说课水平与上课水平呈正相关,但也有例外,即某些教师说课表现较好,但实际课堂教学却不理想,主要原因是上课比说课多了一个不易驾驭的学生因素,因为学生不是被动灌输的听众,而是随时参与并作用于教学活动全过程的主体。

综上所述,说课是介于备课和上课之间的一种教学研究活动,对于备课是一种深化和检查,能使备课理性化;对于上课是一种更为缜密的科学准备,能使上课更加有效。

【模拟训练】自选一节课题,撰写一篇说课稿,组建说课活动小组,进行10～15分钟的说课练习。

第三章　中学生物教育实习

高师院校生物教育实习历来被视为生物科学(师范)专业培养计划中的重要实践环节。随着中学生物学教学的改革与发展,如何构建新的实践教学体系,提高教育实习质量已成为高师院校生物科学专业建设的新课题。中学新课改实施以来,高师院校生物科学专业教育实习面临一系列新的问题:实习时间短,缺乏系统连贯的职业训练;实习模式单一,指导实习的教师队伍建设不到位;实习生教学理论与教学实践脱节,实习效果不佳……因此,应根据中学生物教学改革与发展的需要,及时调整生物科学(师范)专业人才培养方案,完善实践教学体系,规范教育实习的管理,建立合理的实习评价机制,增强学生参与实践教学的积极性和主动性,从而加快生物教师专业化建设的进程。

第一节　教育实习的重要性

教育实习,是师范专业教学工作的重要组成部分,是贯彻理论与实践相结合原则的体现,也是全面检验和进一步提高师范院校教育质量、培养合格的人民教师的必要措施。教育实习与思想政治课、体育课、专业知识课、教育理论课、选修课等,共同组成高等师范教育的完整教育体系。

一、教育实习是师范教育的重要组成部分

在现代社会里,随着教育职能的加强,教师对人的成长,对人类社会的延续和发展作用,显得更加重要。因此,在科学技术飞速发展的今天,社会

必然对教师的素质提出更高的要求。当今世界上,许多发达国家,还有一些经济发展较快的发展中国家,都很重视教育事业的发展,重视对师范生的培养。在师范教育过程中,特别强调教育实习的重要性,教育实习在一些国家已经被纳入法制轨道。例如,美国伊利诺伊州的《伊州高等教育制度手册》中明确规定:师范教育实习办公室将尽一切力量为大学生提供尽可能好的实习体验。教育实习是师范本科教育计划中的最高实践体验形式。

师范院校是培养教师的"摇篮"。教育实习体现出师范院校教学组织形式和活动方式的显著特点,是师范院校教学计划的有机组成部分,它在各种知识的学习和能力的培养中,起着十分重要的综合作用,教育实习成为整个师范教育结构体系的重要支柱。一个师范生在学校学到的知识,大多为书本知识、分散的知识,是比较间接的知识。要使所学的知识被真正理解,变成比较直接的知识,并且形成一个知识群,那就要将一个能够适应中学教学要求的合理知识结构反复运用。师范院校培养的学生未来从事的是面对广大青少年的中学教育工作。因此,师范生要对青少年的思想、心理、性格、感情等方面的内容进行研究,要掌握青少年共同的心理、生理发展特点、规律,这对提高教育、教学质量是至关重要的。这就要求师范生在基础理论上有一个较完整的结构,除了要加深专业基础理论和拓宽文化知识范围,还必须掌握教育学、心理学、教学论、教学方法论等方面的知识,并且要学会把这些知识和理论综合运用,去教育青少年。

教育实习既然需要实习生综合运用他学过的知识和理论去教育青少年,这个过程也必然是对实习生所学过的知识和理论掌握水平的考查,以及对这些知识和理论理解运用程度的考查。在教育实习中,我们往往会发现,中学生没有弄懂的知识正是实习生没有讲清楚的地方。"以其昏昏",当然难以使涉世不深的青少年"昭昭"。另外,我们在教育实习中还发现一些实习生,在对中学生讲课时,满口的名词术语,许多补充内容照搬大学教材,讲者侃侃而谈,听者莫名其妙,如听天书。这就是一个对教材理解的问题。因为对所讲内容知之不深、理解不够,在讲课时只能不分对象地照本宣科,体现不出自己驾驭知识、深入浅出的教学技艺。通过教育实习,可以使实习生得到一次全面锻炼和综合提高的机会,实习生在理论联系实际的实践过程中,运用自己学过的知识和理论,进行教育和教学,既检验了自己知识掌握的水平,又检验了自己综合运用知识的本领。"学然后知不足,教然后知困",只有在实际运用中,才能提高师范生专业知识水平和教育的技能技巧。所以,教育实习是培养师范生实际工作能力和教学艺术的课堂。

二、教育实习是师范教育过程的重要环节

高师院校的教育是多环节的:讲课、实验、实习、自习、讨论、社会调查、考试考查、毕业论文或毕业设计等。这些环节,与其他各式各样的高等学校的教育环节比较,不同在于教育实习。因为,教育实习对培养师范生的教学能力、形成人的个性品质、巩固从事中学教学工作的专业思想,起着不可忽视的重要作用。教学技能是师范院校学生的一项专业技能,是学生创造性地运用教育规律、教学原则从事教学工作的基本技能,是师范院校区别于其他院校的本质特点。所谓教学技能,主要是指教师在具备扎实的专业理论、知识技能的基础上,能根据学生的身心特点、教学大纲和教学内容的要求,培养出科学地组织教学和教学管理(主要是班主任工作)的能力;准确明晰、精炼生动的表达能力,尤其是口头表达能力;独具匠心的板书设计、识图、制图、制作教具的能力;熟练的实验操作能力,以及自学、创造与教学研究的能力。这些能力,实质上是一系列综合性技能、技巧的有机结合,没有这些技能、技巧的形成,是不可能有很强的教学能力出现的。这些技能、技巧的形成,绝不是师范院校学生自身的一种潜在能力,也绝不是自然发展起来的,而是师范生在掌握了一定理论知识的基础上,通过教育实习各个环节的实践,逐渐形成的。教育实习是师范生在教师的指导下,通过初步教学实践的尝试,为自己教学能力的形成奠定良好基础的重要环节。

教育实习还是形成师范生的思想道德、心理情绪、言行举止、仪表外貌、工作态度等个人品质的重要一环。教师工作,是教书育人的工作。因此,教师的言谈举止、思想情操、仪表外貌,都会成为受教育者模仿、学习的榜样。在课堂上,教师是学生注意的中心,学生不仅听课,而且下意识地观察着老师的情绪、教态、穿着、服饰等外在形象。教师的奇特仪表、新颖的发型、与众不同的服饰,都会引起学生的随意注意。这种随意注意,往往随教师讲课情绪、内容、方法、魅力等方面而转移。教师高昂的教学情绪、充实的教学内

容,能引起学生积极的思考。教师富有魅力的讲课艺术,可以将学生的随意注意吸引到有意听讲方面来,增强课堂的教学效果。相反,教师的低水平讲课往往会使学生注意力分散,随心所欲,使随意注意的内容转化,从而严重地影响课堂教学效果。由此看来,教师的穿着打扮、言谈举止、思想情绪、仪表动作,受职业性质的限制。教师应减少因自己的外表而引起的随意注意,增强学生对教师的思想引导、讲课内容而引起的有意注意。培养教学能力,形成个性品质,根本点在于师范生对自己将要从事的教育事业能否有执着的爱。一个合格的中学教师,首先必须对教育事业的重要性、艰巨性有一个正确的认识和态度,有一种深厚的热爱感情,然后才会对自己的工作有一种强烈的自豪感、光荣感、责任感和事业心。爱因斯坦认为:"热爱是最好的老师。"现代心理学研究证明,只有热爱自己的专业,才会自觉地形成对这种专业的注意优势和兴趣中心,才有可能做好它。热爱自己的教育事业,还表现在热爱自己教育的对象——学生。学生是接受教育的主体,教育、教学的最终目的是促进学生的全面发展。教师的工作成果也必须以他(她)对学生的态度和对学生的发展所起的作用作为检验的标准。一个教师只有把热爱教育事业和爱学生结合起来,胸中有书,目中有人,既教书,又教人,才称得上是一个合格的教师。

教育实习是一个双层次的教育过程。实习生在实习中,既是教师,也是学生;既是教育者,又是受教育者。实习生处于这种上有指导教师引导、教育,旁有实习生的讨论、帮助,下有众多中学生的企望、等待的有利环境之中,重视教育、教学实践,自觉地培养自己从事教育工作的浓厚兴趣和强烈责任感,在和中学生情感交流中,培养热爱学生的感情,实习生就一定会在教育实习中为自己将来从事的中学教学工作打下坚实的知识、能力和思想基础。

三、教育实习是对师范院校办学质量的全面检验

我们国家要赶上世界先进国家的生产、科技水平,一定要有一批先进的高质量的人才。而先进的高质量的人才需要高质量的教育来培养。所以,党的十六届全国代表大会强调,教育是我国现代化的战略重点之一,是社会

主义精神文明建设的重要组成部分。

师范教育是整个教育事业的"工作母机",她为进行高质量的教育担负着提供优秀教师的责任。高师院校就是以培养合格的中学教师作为自己的目标。培养目标问题,是关系到办学指导思想的问题,也是个办学方向的问题。

中等学校的教师是一种专门的人才,不仅要有比较渊博的知识,懂得教育规律,还要有高尚的道德品质和崇高的精神境界。高师院校在办学思想、教学内容、教学要求和手段等方面,必须坚持师范性特点,要按照中学教师的成长规律,对师范生进行作为中学教师必备条件的教育和训练。

在专业知识上,要胜任中学教学,应该博学多识,基础知识应该宽厚一些,而不能片面追求高、尖、深,脱离培养目标。在教育修养和训练上,既然是教师,就要有正确的教育思想,懂得并能熟练应用教育理论和教育原则,并善于了解青少年的生理、心理特点,从实际出发组织教学,启发和培养学生的智力才能。在政治思想、道德品质修养上,要有高标准要求,能够以身作则,成为青少年的表率,能够教书育人、引导学生思想的健康发展。师范院校要办出高水平,就要在这三个方面做文章,水平的高低要以此来衡量。

作为中学教师,不仅要具备从事中学教育、教学的修养和能力,还要有从事研究、提高中学教育工作的能力。能够培养出这样合格的专门人才的师范院校,绝不是低水平,而是高水平。师范院校应该根据这样的要求,修订专业教学计划,改进教育、教学各个环节的工作。

教育实习是一项综合性的专业教育实践活动。在实习过程中,实习生紧紧围绕做一名合格中学教师的要求,自己所进行的各项基本训练,都是在自己所掌握的教育理论知识和专业理论知识的指导下来完成,它体现了马克思主义理论与实践相结合的原则。同时,这种基本训练不仅直接检验学生心理、思想、知识、能力诸方面的成熟程度,也较为全面地检验了师范院校教育、教学工作的各种方案和措施是否收到了预期效果。检验的结果则是实习生的亲身体验和中学生的直接感受。据此,便可以对学校教育、教学各个部门、各个环节工作中的得失成败,做出一些比较客观的分析和评价。这些分析和评价为我们进一步端正办学思想,摆正办学方向,正确地贯彻党的教育方针,积极稳妥地开展教学改革提供了可靠的依据。另外,在实习过程中,实习生有机会深入了解和掌握中学教学改革动态及中等教育结构改革情况,这就从客观现实的需要方面,为师范院校有的放矢地改革教学积累了重要参考资料。

由此可见,教育实习不仅是可以巩固学生的专业思想,培养他们从事中学教育工作能力的必由之路,而且是检验高师院校教育、教学质量的重要手段,是高师院校教学改革的重要的指示剂和催化剂。因此,教育实习作为师范教育的重要组成部分,作为师范教育过程的重要环节,必须得到重视和加强。在教育实习中,要把检验教育、教学质量,了解中学实际,从而促进师范教育教学改革,作为一项重要的任务去认真完成。

第二节　中学生物教育实习的目的、任务和要求

中学生物教育实习是高师院校生物教育的重要组成部分,是培养高师生物科学(师范)专业学生形成中学生物教育活动能力,实现高师院校生物科学(师范)专业学生向中学生物教师过渡的一个重要途径。中学生物教育实习既不同于高师院校学生的大学课堂学习,也有别于他们未来从事的实际中学生物教育工作,它是在双方指导教师指导下的实习生自我实践的教学性实践活动,是高师院校生物科学(师范)专业学生的大学理论课程学习与中学生物教育工作之间的联系和纽带。因此,中学生物教育实习有其特定的目的、任务和要求。

一、中学生物教育实习的目的

中学生物教育实习是高师院校生物科学(师范)专业学生经过一定阶段的大学学习后,为承担中学生物教师职责而做准备的最后阶段。通过教育实习,实习生会受到作为一名中学生物教师的品德修养、生物专业知识和技能、生物教育能力等的全面检验和锻炼。通过教育实习,实习生把在大学课堂上所学的教育理论、教学方法和生物专业知识综合运用到中学生物教育和教学的实践中去,使知识转化为能力,形成中学生物教师的个性品质,为

今后胜任中学生物教育工作奠定基础。从高师院校生物科学(师范)专业的培养目标和教育实习的意义来考虑,中学生物教育实习的主要目的如下:

(一)运用和检验实习生所学的理论知识

在进行中学生物教育实习之前,实习生已经基本掌握了中学生物教学所需要的生物专业理论和技能,也学过了心理学、教育学和生物教育学或生物教学法等一些课程。然而,大学生对这些知识或课程的学习一般都是孤立地进行,并且都是一些来自于书本上的间接知识。教育实习为实习生综合运用这些知识进行自我实践创造了条件。实习生通过对理论知识和专业技能的实际运用,可以加深对课堂上所学知识的理解和认识,促进知识向能力的转化。

教育实习可以使我们对实习生掌握知识的水平进行检验,检验实习生大学里所学知识的深度和广度,检验实习生对这些知识的应用程度。"教然后知困",不少实习生在教育实习之前都认为自己掌握了足够的知识,能够应付中学生物教学了,但是通过教育实习,特别是经过教育实习中的备课、编写教案、试讲和课堂教学等自我实践以后,实习生在生物知识和教育能力等方面的某些缺陷就会暴露出来。此时,实习生自己也会发现过去所学的知识有些只是为了应付大学里的考试,实际上并没有真正地掌握。有了这种认识以后,实习生才会从理想化的境界中走向现实,才会比较冷静地、客观地认识自己,进而有意识地重温那些大学里虽然学过,但通过教育实习的运用和检验说明并没有真正掌握的有关知识。

基于上述原因,生物教育实习不仅可以运用和检验实习生的理论知识、专业技能,而且还可以巩固和提高实习生的知识水平,使高师院校生物科学(师范)专业学生的知识结构、能力结构更符合中学生物教师的要求。

(二)了解和熟悉中学生物教育的实际

各级中学是高师院校生物科学(师范)专业学生未来工作的主阵地,尽早了解和熟悉中学的情况及中学生物教育教学的实际是实习生未来工作的需要,也是他们今后搞好中学生物教育教学工作的前提。

中学生物教育和教学工作在长期的实践过程中形成了一整套行之有效

的方式方法,教育实习为实习生了解和熟悉这些方式方法提供了便利条件。尽管生物教育实习的时间短促,这种了解和熟悉也是初步的、肤浅的,但却是实际的、必要的,它可以避免或减少实习生在今后实际生物教学工作中可能遇到的矛盾和困难。对于高师院校生物科学(师范)专业的学生来说,了解和熟悉中学生物教育的实际是在丰富感性认识的基础上,探索、认识生物教育教学的客观规律,树立科学的生物教育思想,掌握正确的生物教学方法的一个重要过程。

实习生在大学里所学的生物教学法等课程的知识给实习生的生物教育教学活动提供了理论指导,为他们胜任中学生物教师工作提供了可能性。但是,由于每一所中学生物教学环境都不同,使实习生在运用这些理论知识时会产生一些困难,有时还可能与中学的实际情况发生矛盾。通过教育实习,实习生可以结合实际自觉地、综合地运用大学里学到的知识,把大学里所学的理论知识作为探索和掌握中学生物教育规律的基础,进而逐步形成包括备课、讲课、班级管理等一系列中学生物教育教学活动的能力。

(三)巩固和加强专业思想

目前,高师院校生物科学(师范)专业学生不同程度地存在着不愿到中学任教的思想,其原因固然是多方面的,但与我们平时忽视师范职业教育也是有直接关系的。教育实习是向大学生进行专业思想教育的一个有效途径,这是因为实践往往会比理论更具有说服力和感染力。

当实习生第一次走上讲台,面对几十双渴求知识的眼睛,他的责任感会油然而生;当实习生第一次被中学生称作老师的时候,他会感到教师职业的无比神圣;当实习生第一次向学生解答生物疑难问题时,他会被中学生的好学精神所激励;当生物教育实习结束时,许多中学生不愿让实习老师离开,或三五成群地围着实习老师,或把照片、纪念品等赠送给实习老师……中学生这种真挚的情感和对生物教师的热爱,会深深地感动和教育着每一个实习生,进而使他们感到中学生物教师职业的崇高,任务的光荣,责任的重大,从而坚定他们献身中学生物教育事业的信念。

(四)改进和提高高师院校生物教育管理工作和教学水平

教育实习也是一面镜子,它可以从每个实习生身上反映出高师院校生物科学(师范)专业在教育、教学和管理等方面的水平,暴露出高师院校生物科学(师范)专业在某些方面的薄弱环节。诸如:专业课程设置不尽合理,有些课程偏深而脱离中学实际;有些课程过于强调理论,忽视生物野外工作能力的培养,使实习生难以顺利开展中学生物课外活动;课时分配不当,生物教学法课时偏少,使实习生不能充分掌握教学基本功,如板书、板画、板图等。这些从教育实习反馈回来的情况可以逐步改进高师院校生物科学(师范)专业的管理工作,进一步明确院校高师生物科学(师范)专业的培养目标,并围绕培养目标不断修订教学计划、调整课程设置和课时分配。

通过教育实习反馈,可以使高师院校生物科学(师范)专业的教师更加自觉地把大学课程与中学生物教材联系起来,在传授生物科学理论的时候,注意面向中学生物教学,重视培养学生的生物教育能力。这样,既使我们培养出来的人才能够胜任中学生物教育教学工作,也提高了高师院校生物科学(师范)专业的管理工作和教学水平。

二、中学生物教育实习的任务和要求

高师院校生物科学(师范)专业的教育实习,是实习生在大学教师和中学教师共同指导下尝试从事中学生物教育教学工作的实践活动,属于教学性的工作,不同于他们未来所从事的业务性的中学生物教育教学工作。因此,我们有必要使实习生在实习前明确他们的实习任务和要求。

(一)中学生物教育实习的任务

中学生物教育实习的任务,从内容上讲是培养实习生初步掌握从事中学生物教育教学和班级管理工作等方面的技能、技巧,形成独立的生物教育教学能力;从形式上讲是进行生物课堂教学、生物课外活动、班主任工作及生物教育研究等方面的实习。

1. 中学生物课堂教学实习

生物课堂教学又称生物课内教学,是中学生物教育工作的核心,也是高师院校生物科学(师范)专业教育实习的一项重要任务。生物课堂教学实习要求实习生将大学里学到的理论知识运用到中学生物课堂教学之中,通过备课、试讲、讲课、作业布置与批改、问题解答、成绩检查与评定等一系列生物课堂教学活动,使实习生熟悉中学生物课堂教学的全过程,初步掌握从事中学生物课堂教学所应具备的知识、技能和技巧,为今后从事中学生物教学工作奠定基础。

2. 中学生物课外活动实习

中学生物课外活动是指在课堂范围以外对中学生实施的生物教育活动,与课堂教学一起构成了中学生物教育系统,是中学生物教育不可缺少的组成部分,也是高师院校生物科学(师范)专业教育实习的一项重要任务。进行生物课外活动实习,组织中学生与动物、植物、生态和工农业生产等直接接触,开展一些有意义的活动,如校园植物命名、生物游园、生物观测、生物墙报、生物晚会等,可以使中学生学到在课堂上学不到的生物知识,丰富中学生的生物感性知识,培养中学生的生物实践能力,增强中学生学习生物的兴趣,同时也锻炼了实习生组织和开展中学生物课外活动的能力。

3. 中学班主任工作实习

班级是中学教育工作的基本单位,是学生集体的基层组织。班主任是对一个班级学生全面负责的教师,是学生班级集体的组织者、领导者和教育者。班主任工作关系到班级教育工作的水平,直接影响到中学教育工作的质量。虽然班主任工作的有关知识在高师院校是由普通教育学课程完成的,但班主任工作也是高师院校生物科学(师范)专业学生今后要承担的重要工作,所以班主任工作实习也构成了高师院校生物科学(师范)专业教育实习的一项重要任务。

班主任工作实习,不仅有利于实习生今后在实际工作中承担班主任工作,而且还有利于实习生深入中学、深入中学生,了解和掌握中学生的年龄特征和知识水平,有利于生物课堂教学实习、生物课外活动实习和生物教育研究的顺利进行。

4. 中学生物教育研究实习

高师院校生物科学(师范)专业培养出来的学生应是现代社会需要的高水平的中等学校的教师,他们除能胜任中学的生物教育教学及班主任工作之外,还应具有一定的中学生物教育研究能力,这是生物教育事业不断发展的需要。虽然高师院校学生在实习期间缺少生物教育教学的经验,但他们有一定的生物专业知识和较为系统的教育理论知识,可以结合中学生物教育教学和班主任工作的实习,对中学生物教育进行探索和研究。

实习生运用在大学课堂上所学的理论将实习中自我实践的经验进行科学的总结,上升为理性认识,会使他们在教育研究的选题,资料的收集、整理、贮存、利用,实验的设计,理论知识的综合运用,以及分析问题、解决问题的能力方面得到培养和锻炼。这一任务对于那些准备以生物教育做毕业论文选题的实习生尤为重要。

(二)中学生物教育实习的要求

1. 中学生物课堂教学实习的要求

(1)要明确生物学科在中学教育中的地位和作用,了解中学生物教育教学的现状和发展趋势。

(2)要有意识地观察和模仿中学生物教师的课堂教学,学习优秀中学生物教师的教学经验,探索中学生物课堂教学的规律和方法。

(3)要实际进行中学生物课堂教学过程的备课、讲授、辅导、作业批改、成绩评定等环节的工作,掌握生物课堂教学的基本技能和技巧。

(4)综合运用心理学、教育学和生物教学法等教育理论来指导中学生物课堂教学,正确地确定教学目的,明确教学的重点和难点,处理好教材,编写好教案。在教学过程中做到讲解条理清楚,语言丰富、准确、生动,教态自然,板书整洁,注意调动学生学习生物知识的积极性和主动性。

(5)在正式课堂教学之前需要试讲,进行正式上课的预演。在试讲时,要做到从严、从难和从"实战"出发,只有试讲合格才能允许实习生正式上课。

2. 中学生物课外活动实习的要求

(1)要明确生物课外活动在培养中学生掌握生物基础知识和技能方面的作用,根据实习学校的具体情况和实习时间,创造条件去组织和开展生物课外活动。

(2)要注意生物课外活动的组织工作,争取有关领导和原班主任的支持,在活动之前还要做好准备工作,如活动地点的勘察、路线的选定、资料的收集、人员的安排等。

（3）要使开展的生物课外活动具有生物特点和趣味性，注意保护中学生的好奇心和探索精神。

3. 中学班主任工作实习的要求

（1）协助原班主任具体负责一个教学班的班级管理工作，了解和熟悉班主任工作的全过程。

（2）在原班主任的指导下，经过亲自实践获得从事班级管理工作的技能、技巧，形成诸如制订班级工作计划、组织主题班会、进行学生家访、个别教育等班主任工作的能力。

（3）在学习优秀班主任的思想和先进经验的基础上，结合教育学的有关理论和中学生的实际情况，研究生物教师做班主任工作的特点，探索生物教师做学生思想工作的规律。

4. 中学生物教育研究实习的要求

（1）以生物学科为主，即结合生物教育实践或生物教师做班主任工作的实践等进行研究。

（2）在确定生物教育研究选题时要征求指导教师的意见，写好研究计划，再进行具体的实验、调查和资料收集等工作。

（3）在进行生物教育研究的过程中，要注意理论联系实际，不要把研究的题目搞得过大，要尽量以自己的实习经验或所在学校的经验为素材。

三、中学生物实习生的基本素养

在教育实习中，虽然实习生与双方指导教师及中学生之间的关系纵横交错，但实习生仍是实习工作的主体，实习生的素养如何会直接影响到生物教育实习的质量。实习生的基本素养主要包括：思想品德、专业知识和能力等几个方面。

（一）品德修养

1. 热爱中学生物教育工作

中学生物教育是我国社会主义教育事业中的一个重要组成部分，它同中学其他学科一起共同担负着把青少年一代培养成为有理想、有道德、有文化、守纪律的社会主义现代化人才的历史使命。中学生物教师承担着中学生物教育的任务,在培养社会主义现代化建设人才方面起着重要作用,任务是伟大的、光荣的。然而,实习生只有对自己将要从事的生物教育工作具有深厚的热爱之情,才能把全部身心都投入其中,才能认真地做好生物教育实习的各项工作,取得良好的实习效果,为今后成为一名合格的、优秀的中学生物教师奠定牢固的思想基础。实习生热爱中学生物教育工作,主要表现在献身教育、忠诚党的教育事业,对生物科学和生物教育教学的研究具有浓厚的兴趣,对中学生物教育教学工作的改进和发展有坚定的信念和志向,等等。

2. 热爱学生

热爱学生是教师的天职。中学生是实习生教育的对象,是祖国的未来和希望。生物教育实习中,实习生不仅要教育学生,向他们传授生物基础知识和技能,而且还要热爱学生,做中学生的良师益友。实习生要在教育实习过程中热情地同中学生交往,体贴他们、关心他们,进而培养和造就他们;了解和研究中学生的年龄特征、个性差异,对中学生进行有针对性的教育,帮助中学生克服生物学习上的困难,引导他们刻苦学习和树立远大的理想;在个别中学生有错误的时候,不要挖苦和讥讽他们,更不能体罚他们,而应该耐心地说服和教育,引导他们改正错误,保护他们积极向上的热情,建立新型的社会主义师生关系。

3. 坚强的意志和开朗的性格

与大学里的学习秩序不同,中学生物教育实习具有时间短、任务多的特点,实习生在实习期间可能会遇到一些意想不到的困难和挫折,或实习前期望过高而未实现。这时实习生往往会出现信心不足、情绪低落的现象,甚至会产生中学生难教、生物课难上、中学生物教师难当的想法。因此,实习生必须具有坚强的意志才能克服实习中的困难,并以乐观、开朗的性格去战胜它。这不仅是生物教育实习顺利进行的保证,也为实习生今后更快、更好地适应中学生物教育环境打下基础。同时,实习生坚强的意志、开朗的性格也会潜移默化地影响着学生,使他们受到教师良好思想品德的熏陶。

4. 遵规守纪,为人师表

实习生从踏进实习学校的那一刻起,就具备了双重身份,对指导教师来说他们是学生,而在中学生面前他们又是教师。作为教师,他们既要教书也要育人。然而,"其身正,不令而行;其身不正,虽令不从。"做中学生的思想工作,实习生首先要"身正",使"言教"和"身教"结合起来,实习生工作起来才有感召力。为此,实习生在生物教育实习时必须熟悉和贯彻《中学生守则》,更要严格遵守《大学生守则》,遵守实习学校的各项规章制度,注意自己的言谈举止和衣着打扮,自觉地为中学生做出表率,真正成为中学生的楷模。

(二)知识修养

1. 丰富的知识储备

实习生是未来的教师,教师是知识的载体、智慧的象征。"要给学生一杯水,教师必须有一桶水",这个比喻告诉我们,教师要胜任工作必须要有比教科书多得多的知识。同时,生物教学内容的丰富性、综合性和复杂性也要求实习生还要有除生物知识外的丰富知识储备。

2. 牢固的生物科学知识

中学生物教学的对象是十几岁的青少年,他们的批判能力较差,但接受能力很强,这就使得实习生课堂上讲授的生物知识必须是经过筛选的和科学的,而不是含糊其辞和似是而非的,更不能是错误的。因此,实习生必须有牢固的生物科学知识,即对生物学科所涉及的专业知识要牢固掌握和精通。

3. 坚实的教育理论知识

实习生只有懂得教育,特别是生物教育的规律、原理,才能使中学生物教育教学科学化,才能保证各项实习任务的完成。所以,实习生必须要有坚实的教育学、心理学,尤其是生物教育学、生物心理学和生物教学法等方面的教育理论知识支撑。

4. 完整的知识结构

生物教材涉及的知识广泛,既有自然科学方面的知识,又有人文科学方面的知识。一个实习生如果只通晓生物专业知识,而对与生物学科发生广泛联系的物理、化学、历史等学科的基础知识,或与开展班级活动有关的体育、音乐、美术等学科的基础知识知之甚少,则很难圆满完成中学生物课堂教学、课外活动,乃至班主任工作等的实习任务。因此,实习生必须要有比较完整的知识结构和宽广的知识面。

(三)能力修养

1.组织和教育学生的能力

实习生在教育实习中要善于通过生物教学活动向学生进行思想品德、组织纪律的教育,激发学生学习生物的兴趣,引导学生形成正确的学习习惯和方法,组织学生进行各种生物课外活动和班级活动……所有这些教育和教学活动的开展,都要求实习生具有一定的组织、教育和管理学生的能力。

2.分析教材和编写教案的能力

中学生物教育实习的重要任务是生物课堂教学,也就是上课。上课需要备课,而备课的中心工作是分析教材和编写教案。因此,实习生要具有分析教材和编写教案的能力,要了解中学生物教材的结构、特点和功能,掌握生物教案的编写原则和规范,根据实习班级的学生特点及教学大纲的要求正确地分析和处理教材内容,编写好适合中学生物教学要求的教案。

3.设计和运用生物教育教学方法的能力

教育实习是一项复杂的工作,要想取得理想的实习效果绝不是靠蛮干和热情所能奏效的,实习生还必须具备设计和运用中学生物教育教学方法的能力:熟悉和掌握各种生物教育教学方法的特点,根据具体的教学内容和学生特点设计和运用恰当的教学方法;制作简易的生物教具和使用生物教具;掌握进行生物教育教学活动的一般能力,如语言表达、板书规范、板图(画)绘制、CAI 课件制作、作业批改、成绩评定,以及指导课外活动的能力,等等。

第三节　中学生物教育实习的组织和开展

中学生物教育实习工作涉及高师院校生物科学(师范)专业和实习学校的各个方面,与平常的教学秩序有很大的不同。为了加强教育实习的组织领导,保证教育实习工作的顺利开展,必须对教育实习的准备、进行、组织形式及管理、教育实习基地的建设等诸方面工作进行认真的探讨和研究。

一、中学生物教育实习的准备

中学生物教育实习的准备,是指教育实习生进入实习学校前,在思想、业务知识及教育工作能力、组织和物质等方面的准备。实践表明,实习前的准备工作做得是否充分,关系着教育实习顺利进行的程度,并直接影响着教育实习的效果,不可等闲视之。中学生物教育实习是高师院校生物科学(师范)专业学生必须完成的德、智、体综合性的专业实践教育课程。因此,要认真、缜密地做好教育实习前的准备。

(一)思想准备

所谓思想准备是指在教育实习前,参加实习的师生要对教育实习的意义和重要性有充分的认识,对实习中可能出现的思想方面的问题要有足够的精神准备。实践证明,思想准备越充分,实习进展就越顺利,否则,就会出现各种各样的问题。

端正对中学生物教育实习的认识,无论对专业指导教师,还是对实习生来说都是重要的,有些教师和实习生错误地认为实习就是讲几堂课。我们所说的实习是生物"教育"实习,而不是"教学"学习,更不是单纯的课堂教学实习。教育实习是对实习生的思想、业务、能力等多方面的考查和锻炼,既包括教学实习工作的各个环节,又包括课外活动和班级教育管理工作等方面的内容。

对专业指导教师来说,实习前的思想准备是要充分重视的,这是完成实习任务的重要保证。专业指导教师不仅要提高自己对实习的各种思想认识,而且对实习生在实习过程中可能出现的各种问题也要有充分的思想准备,以便防患于未然。专业实习领导小组也应帮助专业指导教师解决好一些实际问题。

对实习生来说,教育实习更是一门新的课程。尤其临近实习,他们的心理活动非常复杂,有的兴高采烈,欲展雄才;有的心情紧张,寝食不安;也有的不以为然,若无其事。在实习过程中的不同阶段,实习生的思想活动、心理状态更为复杂。从一般情况来看,实习中也容易出现前紧后松的现象。

进入实习学校后的见习准备阶段,实习生要完成安定生活、熟悉情况、了解学生、随班听课、编写教案、试讲、制订班级工作实习计划等诸多工作,普遍感觉负荷重、节奏快。在走上讲台讲第一堂课之前,大多数实习生感觉紧张,怕教不好,也有少数实习生有急躁情绪或"轻敌"情绪。前两堂课一般准备都比较充分,几节课后,班级工作也做了一些,情绪就会松弛,愈到后来松弛情绪愈明显、愈普遍,严重的甚至思想松懈,工作消极,生活散漫,各类问题都可能发生。为防止上述现象的发生,在实习前就要有充分的思想准备,做好严肃认真、实事求是的思想动员工作。在实习的不同阶段要向实习生有针对性地提出不同的要求,越到后来越要抓紧工作,做到时间上不闲,工作上不停,思想上不松,时刻保持旺盛的情绪,始终处于主动的地位。更重要的是要调动实习生的积极性,使实习生能严格要求自己,正确处理工作中各种关系,根据各自不同的心理状态,主动自觉地进行自我调控。在实习期间,还要保持有一个健康的身体,并做好吃苦耐劳、克服困难的思想准备。

(二)业务知识和能力准备

1.业务知识准备

从广义上说,业务知识准备应该包括在生物专业规定年限内所学的生物专业基础课、专业理论课、教育理论课、公共必修课、有关选修课等知识的准备。当然这不是教育实习之前的一两天所能解决的,而是在高师院校整个学习的过程中获得的。从战略意义来说,从上高师院校的第一天起就已经开始进行教育实习的准备了。没有这些扎实的业务基础知识,就不可能搞好教育实习。从实习前具体的业务准备来说,大致包括:

(1)学习和研究中学生物教学大纲和中学生物教材,听有关实习教材章节的辅导报告,做好教材教法方面的准备。

(2)开展备课、写教案、试讲等教学及班级管理基本功的训练。

(3)观摩中学课堂教学(到中学听示范课或观看课堂教学录像等)。

(4)查阅有关实习教材的参考资料,并作好教学卡片。

(5)收集教育实习的有关资料(如班主任工作计划、课外活动计划、教案、实习专题小结等)。

2.能力准备

能力准备主要是指实习生教育教学工作能力方面的准备。实践表明,实习生的教育教学工作能力主要有如下欠缺：

（1）在教学上，不知如何编写教案，怎样设计板书，甚至如何写粉笔字、如何口头表达等，缺少严格训练。

（2）在班主任工作方面，不知道如何开展班级工作，甚至不知道怎样与学生个别谈话和进行家访等。

（3）在组织课外活动方面，不知道怎样制订计划、如何动员和组织实施。

（4）在中学生物教育研究能力方面，不了解研究的内容和研究的方法，甚至不知道调查研究如何进行等。

针对实习生的上述欠缺，在平时就应有计划地开展一些活动，比如参加有关的学科教育研究活动，开展专题调查研究工作，开展书法比赛、讲演比赛，到中学作校外辅导员，参加夏令营活动等。实习之前，要集中进行微格教学培训，培养和提高实习生的教学能力。

（三）组织准备

组织准备是实习准备工作的重要环节，是教育实习达到高质高效的可靠保证，务必要做好做实。临阵磨枪，必然导致实习工作的混乱，而达不到预期的效果。组织准备工作一般包括：

1. 成立专业教育实习领导小组

实习领导小组是教育实习顺利进行的重要组织保证。领导得力，实习指导教师就好调派，实习生对实习重要性的认识就较高，实习质量就能得到保证。

专业教育实习领导小组，是在教学院长领导下，由生物教学法教师、学科指导教师、教学秘书、辅导员等若干人组成，其主要任务是：

（1）制订本专业实习计划，具体安排教育实习时间、日期，联系和落实实习学校。

（2）与实习学校商定成立实习领导小组事宜。

（3）调派本专业实习指导教师，选聘实习学校指导教师。

（4）组织评审有关专题总结，审定、平衡实习生的教育实习成绩，收集和汇编实习资料。

（5）做好参加实习的师生思想政治教育工作。

（6）参加实习期间举行的公开教学。

（7）召开专业指导教师阶段工作会议，及时交流经验。

（8）对本专业的实习工作进行检查监督，解决实习中出现的重大问题，并负责实习的小结和总结工作。

2. 制订实习计划

教育实习计划是教育实习的蓝图，是教育实习顺利进行的保证。实践证明，凡是实习计划目的明确、措施具体的教育实习，成绩就好一些。教育实习计划是指教育实习内容的实施日程。教育实习计划应明确做到目的符合科学性，各方面合理安排讲求具体性。同时，计划还要协调统一，注意灵活性。

教育实习计划一般包括如下项目：

（1）实习时间。

（2）目的任务。

（3）实习内容。

（4）实习成绩的考查与评定。

（5）教育实习过程（具体时间安排）。

（6）实习地点、学校及专业指导教师、实习生安排。

（7）专业实习领导小组。

（8）注意事项。

有关实习生守则和经费安排等也可列入其中。教育实习计划由专业教育实习领导小组讨论确定。打印后，分送有关部门备案或实施。

3. 开好教育实习动员大会

教育实习动员大会实质上是对实习师生进行一次思想上的动员，是对实习生提出明确任务要求的大会，是教育实习组织领导的体现。所以，动员大会应以帮助师生提高对教育实习重要性、必要性的认识，使实习生树立忠诚党的教育事业的专业思想为中心。教育实习生发扬艰苦奋斗的精神，以认真负责的态度对待实习工作，勇于进取，敢于改革，不断提高教育实习质量。

动员大会应由专业实习领导小组主持召开，全体实习师生参加。动员大会包括如下主要内容：

（1）领导做动员报告。

（2）宣布教育实习计划及教育实习的基本要求,明确实习任务。

（3）由班级辅导员提出明确的实习纪律要求。

（4）实习生代表发言。

动员大会后,由各专业指导教师召集各实习学校实习生进行座谈讨论。

4.实习生的编组与分工

实习小组是教育实习最活跃的基层单位,搞好每个实习小组的工作是提高教育实习质量的基础和保证。实习生的编组与分工,对实习生在实习期间的思想、感情和情绪,有着一定的影响。因而,对实习生的编组与分工要大小适度,强弱搭配,要听取多方面的意见,有条件的也可以自由组合。

实习组长由专业教育实习领导小组指定,或由实习生小组选举产生。如一个实习学校的实习生人数较多,可选定两名组长,分管思想、业务和生活。实习组长是实习小组的核心,是带队教师的助手,是搞好实习小组的关键人物。在无专业指导教师固定指导的学校,实习组长则发挥着更为重要的作用。实习组长必须由思想政治修养好,成绩优良,善于团结同学,有一定的组织能力,在本组实习生中有威信的人担任。实习组长的挑选要以有利于搞好实习小组的工作为原则。

（四）物质准备

充分的物质准备是顺利完成教育实习的保证。物质准备的含义较为广泛,本节主要介绍教育实习用品方面的准备。教育实习用品是进行教育实习不可忽视的一个重要方面,对教育实习的质量起着重要作用。教育实习用品包括以下几类:

（1）教学用书:包括教科书、教学大纲、参考书、练习册等。

（2）教学用具:包括教学挂图、模型、标本、图片、画片、小黑板、投影仪、VCD/DVD、录音机、屏幕等。

（3）其他用品:包括绘图纸、画笔、广告色、图钉、胶纸、指图杆、备课本、听课记录本、红色圆珠笔、直尺等。

第一类用品是每个实习生必备的。在可能的条件下,每个实习生不仅应有所教年级的教科书及其参考书、练习册,还应配有初高中各年级的教科书、参考书等。第二、第三类用品,可根据条件准备,其中有些可按实习学校分配,有些可在各实习学校间轮流使用。

教育实习用品的使用,必须建立严格的领借、归还手续,有些教学用具必须由专人保管、专人负责,防止损坏丢失。教育实习结束后,应立即将借出用品收回,清点入库。

(五)进校准备

到实习学校进一步落实实习工作,是对前四项准备工作的检查,关系到实习计划能否落实、实施,绝不可轻视。选定实习学校,是教育实习准备的前期工作,一段时间后,实习学校可能有些意想不到的情况发生,会影响到教育实习的正常进行。因此,实习前到实习学校落实实习工作,摸清影响实习的新情况并及时予以解决,就显得非常必要了。

一般应落实下列内容:

(1)实习生人数是否确定。

(2)实习的年级、班级是否确定,教学进度如何。

(3)带队教师及实习生的食宿安排是否妥当。

(4)实习领导小组是否建立。

(5)实习学校指导教师是否派定。

(6)实习生进入实习学校的日期、时间是否确定及进校后的安排等。

上述各项工作的落实,应由专业调派去各实习学校的专业指导教师和实习组长分头进行,时间应放在实习生进入实习学校的前两三天。去实习学校落实后,专业指导教师应及时将落实情况和变动情况向专业实习领导小组汇报。专业实习领导小组针对专业指导教师反映存在的问题,及时研究解决。

专业实习领导小组应将各实习学校的指导教师名单汇集后制作聘任书,郑重聘请。各实习学校领导小组成员名单,由专业实习指导教师转交专业领导小组,以备检查实习工作时拜访。

二、中学生物教育实习的进行及后期工作

教育实习的准备,只是为教育实习的进行铺平了道路。教育实习的进

行,才是整个教育实习的主要阶段,也是实现教育实习目的的主要过程。这一阶段,按教学大纲规定为六周左右,依照通常经验,这几周大致可分为教育实习的见习与准备、全面开展和总结三个阶段。

(一)见习与准备阶段

实习生进入实习学校后,不能马上承担教育教学工作,必须要有一个见习与准备的阶段,这个过渡阶段大体上可安排1~2周的时间。

1. 实习生的主要工作任务

本阶段实习生的工作任务主要是:

(1)实习生与实习学校领导、生物教研组老师及指导教师、原班主任见面,参加实习学校召开的欢迎会。

(2)熟悉学校环境,安排好生活。

(3)明确自己的课堂教学内容,观摩所在学校生物教师的教育教学工作,并请指导教师谈备课中需要注意的问题。

(4)熟悉学生,了解该班教学常规、教师上课的风格特点、班务处理的办法、各种教法的运用以及课堂纪律的培养等。

(5)认真搞好备课、编写教案和试讲等工作。各教学小组要抓一个典型教案进行讨论,然后分头修改、补充、熟悉,做到备课充分。同时,在有双方指导教师参加的前提下,实习生进行试讲、评讲,并进一步吸取意见,对教案进行修改完善,做到教案不合格不能试讲,试讲不通过不能上讲台。教案要在上课前2~3天写好,送交双方指导教师审阅、签字。教案通过后,实习生还要熟悉教案,认真准备教具,做好课堂教学前的一切准备工作,对正式教案、讲稿,要熟练掌握,达到能基本甩开教案和讲稿讲课的程度。

(6)与所在实习班班主任座谈,了解班主任工作,并利用课余时间,深入到自己课堂教学实习的班级熟悉了解学生情况。

2. 指导教师的主要工作内容

双方指导教师要密切配合、统筹安排,全面指导与重点指导相结合,加强指导的计划性,组织和指导实习生严格把好业务关。要帮助实习生放下包袱,轻装上阵,研究可能发生的问题,多提几个"怎么办",以便有备无患,使实习生树立和提高独立工作的信心、勇气和能力。专业指导教师应从实习生进教室的步伐、还礼等训练起,直到帮助实习生设计板书,纠正语病和错别字,分析处理每一个教学环节出现的问题,使实习生逐步养成认真负责的工作态度和踏实严谨、一丝不苟的教风,并完成以下几项工作:

(1)编制实习生课堂教学安排表,并交实习领导小组一份备查。

(2)编制实习生试讲、评议时间安排表并公布。

(3)成立实习生教学小组,选定小组长。

(4)确定实习生实习班主任工作的班级。

(二)全面开展阶段

从第3周至第5周,是实习生进行课堂教学实践和班级工作实习阶段,是教育实习工作全面开展的至关重要的阶段。

实习生在这一阶段的主要任务是:

1.按照实习计划做好常规教学工作

继续认真备课,重复试讲,然后顶班上课;尝试批改与评讲作业、评判与分析试卷;开展学科知识竞赛、课外辅导等。

2.开展实习生间的相互听课活动

实习生的听课有一般性听课和观摩课(或称汇报课、公开课)两种。实习全面开展阶段的公开课,在开始阶段,为"打响第一炮"搞立标课或先行课;在中间阶段,为推动实习顺利进行,提高教学质量,搞提高性观摩课;在末期可以搞检验实习效果的汇报课。不论哪一阶段的公开课,都应集体研究,认真确定讲课的人选、观摩教学的主题,认真充分地搞好备课工作。双方指导教师和实习生都要努力听好每一节观摩课。

3.开好评议会

开好评议会是实习生在实习中的一项重要工作。在实习全面开展阶段,实习生的课堂教学准备工作虽然有指导教师的指导和同学的帮助,但走上课堂后将会出现什么情况,学生反应如何,实习性心里感觉如何及组织学生的能力如何,准备的教学内容科学性、可接受性、逻辑性等方面的成功与不足,都会通过课堂教学实践显露出来。这些方面,有些是实习生可以感觉、意识到的,有些则是实习生本人难以意识到的。所以,及时认真做好课后的评议工作,是这一阶段非常重要的活动内容。

认真做好评议,对提高课堂教学实习效果,克服不足,起着很大的推动作用。评议不仅仅是指出授课实习生的优缺点,给个分数,也不仅仅是归纳出几条具体的比较好的方式和方法,重要的是实习生自己的经验、体会,更重要的是通过集思广益对课堂教学全过程、教学效果有一个从感性到理性,从实践到理论的认识,对课堂教学的优缺点、方式方法给以科学的、理论的概括和解释,从而使广大实习生对一般教学特点和规律,有进一步的体会和掌握,真正提高教育教学的能力。

评议应在课后立即进行。评议能肯定优点,指出不足,提出改进意见,使实习生始终处于一种积极状态中。实习生应积极参加听课和评议活动,做好听课笔记,注意了解学生的反应。评议会上的发言要严肃认真,如发现课堂教学中有问题,应采取措施及时补救以保证质量。评议一堂教学课既是对实习生讲课水平的评价,也是对其他参加评议的实习生评议课堂教学水平的检验。

4.开展班主任实习和组织指导课外活动等工作

实习生在原班主任老师的指导下,制订班主任工作计划,逐步开展班级管理工作。实习生应较深入地调查了解1~2名不同类型学生的思想、学习和健康状况,有针对性地做好思想教育工作,并搞一次家访工作,开好一个主题班会,组织一项课外活动等,以初步培养班主任工作的能力。

5.开展生物教育教学研究

实习生应结合课堂教学和班主任工作写实习日记或笔记,积累教育、教学工作方面的心得、体会和经验,为实习总结作准备。结合实习学校实际,有计划地搞一些社会调查,初步培养自己对中学教育、教学工作进行观察分析的能力,以及研究中学教育、教学的兴趣。

专业指导教师在这一阶段的工作会更加繁重,这一阶段是实习生思想工作、实际问题最突出的阶段。少数实习生在上完第一堂实习课后,可能产生"松一口气"的思想,放松了备课、试讲、评议;随着班级工作的开展,一些实习生处于忙乱之中。专业指导教师要注意随时发现和培养实习生在课堂教学实习和班主任工作实习中的典型,及时鼓励、引导、小结,表扬先进。遇到校运会、期中考试等要帮助调整教学实习时间,以保证每个实习生的实习环节全、课时足、质量好。

专业指导教师在认真审批教案,搞好试讲的同时,要尽可能听实习生的每堂实习课,督促检查班主任工作,随时了解实习生思想动态,加强指导的针对性和及时性。专业指导教师要深入实际,要把精力放在培养实习生独立分析问题和解决问题的能力上。要坚持"先扶后放"的指导原则,既不能采取"包打天下"或"保姆式"抱着走的方式,也不能采用"放羊式"自由走的方式,而是要调动学生自身的积极性和创造性,对实习生启发诱导,并适当给以"引而不抱"的方法。前几节课多指导,扶着他们走,往后逐步放手,让他们独立走。对不同实习生的不同情况要从实际出发,提出不同的要求,注意因材施教,进行有针对性的个别指导。这种个别指导,也应是及时的和有启发诱导性的。

没有配备专业指导教师的实习学校,应全权委托给实习领导小组和指导教师,全体实习生应发挥主观能动性,在组长的带领下,积极配合实习学校指导教师完成本阶段的各项工作。

(三)总结阶段

实习总结阶段是实习的最后阶段,要善始善终,争取全面丰收。各实习学校除做好实习班级的善后工作外,还应注意做好以下工作:

1. 教学实习成绩评定

教学实习成绩的评定是实习生普遍关心的一件重要工作。能否正确评定实习生的实习成绩,反映出能否正确对待教育实习效果的态度问题。对每届实习生或者对同届不同实习学校的实习生来说,教学实习的成绩总是有差异的。那种不分差异,实行"全优"的成绩评定,显然是不符合实际情况的。"全优"的结果,只能使真正优秀的实习生有意见,而成绩差的实习生看不到自己的差距,使评定失去意义。因此,在评定成绩时,要看每个实习生的全部讲课情况,并着重看发展趋势,看进步幅度,力求做到公平合理,符合实习生实际,"人情分"不可取。为了客观公正地评价实习生的课堂教学成绩、总结经验和统一评分标准,可在观摩课的基础上,经过评议制定出评定成绩的原则,并向实习生宣布。教学实习成绩一般按五级记分制。

教学实习成绩可在个人小结、小组鉴定的基础上,在有双方指导教师和实习领导小组成员参加下进行初步评定。同时,要写出每个实习生在业务水平、思想表现、纪律状况等方面的评语。然后,连同班主任工作实习成绩,填写在鉴定表上,由实习学校盖章、指导教师和原班主任签字,由专业指导教师或组长带回。

2. 班主任工作实习成绩评定

班主任工作实习成绩也应在个人小结、小组鉴定的基础上进行,专业指导教师会同原班主任及实习领导小组,根据实习生的工作态度、工作能力、工作的计划性和工作效果等主要方面的表现,根据各专业的实际情况,写出客观公正的评语,给出等级分数。

3. 教育实习总结

实习总结是实习工作的重要环节,也是搞好教育实习的一项重要的管理手段。它对提高中学生物教育实习质量,巩固实习生实习成绩有着重要作用。总结工作应在最后一个公开教学评议会结束前,由学院实习领导小组布置,其步骤与要求如下:

(1)个人总结和专题总结。应于实习成绩初评前在各实习学校进行。实习生的个人总结,主要围绕教学工作实习和班主任工作实习,写出自己收获最大、体会最深的问题,或者对教育实习存在的问题谈自己的意见和建议。个人总结和专题总结必须写成书面材料,文字要简明扼要,字数在2000~3000字,要言之有物,有思想内容,有理论分析,而不是千篇一律,流于形式,并在各实习学校小组会上交流,以便互相学习共同提高。每个实习生要参照会上大家所提意见,进行补充修改,誊清后交给专业指导教师批阅。交流后要选出教育实习先进个人(一般占20%左右),并推荐出优秀实习教案。

(2)实习点总结。又叫实习小组总结,是在个人总结交流的基础上,听取中学指导教师和实习学校的意见,综合各方面的反映后,经实习组充分讨论,总结出本实习组的突出成绩及主要存在的问题,由实习组长撰写。

(3)专业教育实习总结。由专业实习领导小组讨论,议出框架和基本轮廓,然后落实起草人,参考实习生总结及各实习点总结,吸取所需材料加以概括反映到工作总结中去。总结中要有基本情况,对主要经验和问题作出适当的分析、评价,对教育实习和平时的教学提出改进意见,在实习生返校后召开实习总结大会。

总结是一项重要而具体的工作,不能走过场,流于形式,要从实际出发,讲求实效,还要"趁热打铁"抓紧完成,否则会影响返校后的教学工作。

4.其他工作

总结阶段,除了完成成绩评定和总结工作外,实习生还应整理好个人应交的教案和听课笔记等,及时办理在实习学校的各种交接手续,整理好周围环境,参加告别会后准备返校。

(四)教育实习的后期工作

做好中学生物教育实习的后期工作,不仅可以为下一届教育实习的开展奠定基础,而且可以为教师教育改革提供有益的指导。教育实习的后期工作一般安排在返校后一周内进行,主要有以下几项工作:

1.办理借还交接手续

及时交还实习期间所借用图书、用品,并清理实习学校及带队教师、实习生间的财务手续是很必要的。这些手续应该在实习返校后,尽短时间内清理完毕,以防返校后因繁忙的教学任务而造成手续混乱和图书、用品丢失。

2.审批教育实习总结和实习成绩

教育实习期间,专业教育实习领导小组全面掌握了各实习点的情况,为审查专业教育实习总结提供了条件,也为全面评定实习成绩、总结教育实习经验提供了保证。专业教育实习领导小组在审查教育实习总结时,要有认真、负责的态度。

由于教育实习点的分散,各实习学校情况的不同,评定实习生成绩时,会产生评定上的差异。为了消除这种差异,努力做到评定成绩的公平合理,符合实际情况,以利于实习生毕业后用人单位合理选用人才,专业实习领导小组应该进行实习成绩评定的平衡工作。平衡过程以成绩评定原则为尺度,以公开教学评定的成绩为样例,参照各实习学校初评的成绩和评语,评定出每个实习生的教育实习总成绩。各校评定实习总成绩的方法可以灵活掌握,从实际情况出发。

在评定实习总成绩的基础上,审核各实习学校选出的先进个人,经过院(系)实习领导小组审批实习生成绩和先进个人,适时向实习生公布。

3.召开总结和表彰大会

这是中学生物教育实习最后的工作,这项工作应由专业实习领导小组组织开展。参加人员应以本次实习专业指导教师和实习生为主,并请与实习有关的部门和人员出席,也可以考虑让下一届实习生参加。这样,把本届教育实习的总结同下一届教育实习的动员结合起来,为下一届教育实习奠定基础,传递经验,树立学习的榜样。会后可组织参观教育实习成果展览,并可放映教育实习录像,使实习生重温自己在教育岗位起点上所付出的努力和取得的荣誉,为今后更好地搞好教学工作坚定信心。

三、中学生物教育实习的组织形式

采取何种组织形式进行中学生物教育实习,对各种组织形式的中学生物教育实习运用怎样的管理方法,一直是高师院校生物科学(师范)专业教学管理工作所探讨的重要课题。近年来,各高师院校在进行教学改革的同时,不断改进传统的实习组织形式,向多样化、灵活化的方向发展,对实习的管理进一步加强计划性,讲求科学性。

中学生物教育实习的组织形式有不同的分类。以实习时间为依据可分为一日实习、分期实习、集中实习;以实习地点为依据可分为城市实习、农村实习、市内外相结合的实习;以实习学校为依据可分为示范中学实习、普通中学实习、中专职校实习;以实习指导方式为依据可分为蹲点实习、委托指导实习、固定实习基地实习、自主分散实习等。不同的实习组织形式,管理方法亦不相同。本节主要讨论根据实习指导方式不同而划分的教育实习组织形式及其管理。

(一)蹲点实习

蹲点实习是一种传统的教育实习方式,它主要是将实习生分为几个大组,每位专业指导教师只蹲一个实习点,参加和指导该实习学校教育实习期间的各项活动。这种实习组织形式的优点是:可以减轻实习学校的工作负担,高师院校的教师可以深入调查研究,加强与中学的联系,以便更好地为基础教育服务;实习生可以得到专业指导教师及时具体的帮助,有利于保证实习质量。因此,这种实习方式是各高师院校目前进行教育实习的主要组织形式。

　　但是,这种实习方式存在着组织领导的多层次性和"抱着走"的缺点,不利于发挥实习学校的作用。专业指导教师如包揽过多,也不利于调动实习生的主动性,不利于实习生独立工作能力的培养,结果是有的毕业生到中学后不能尽快适应教学工作。如果实习生人数较多,专业指导教师的数量和质量亦难以保证。

　　对蹲点实习这种传统的实习组织形式,要扬其长而避其短,使之逐步完善,而不能随意否定。蹲点实习的管理,各地目前已取得不少有益的经验,基本可按本章前几节所述方法加强管理。在管理中要严格执行关于教育实习的各项规定:实习前,认真组织实习生学习有关文件,不断提高对实习目的意义和任务的认识,明确实习的规章制度,并将其贯穿于整个实习过程;加强组织领导,明确各级组织和指导教师的职责,明确实习生的任务和要求;在选派专业指导教师方面,除克服困难,积极做好思想动员外,要从工作量上予以鼓励,争取让那些热心实习工作,有一定的教学经验,具有讲师以上职称的教师去指导实习,做实习生的好参谋。实习中,尽量让实习生去联系教师;备课、试讲、上讲台,尽量放手让实习学校去指导,在双方共同指导时,要以实习学校的意见为主;充分发挥实习学校的指导作用和培养实习生的独立工作能力;实习生要充分利用有双方指导教师指导的有利条件,不断向自己提出新的要求,虚心学习,对自己高标准,严要求,努力实现自我目标管理;在实习中发挥主动性减少依赖性,在实践中锻炼自己,增强应变能力,增长才干,全面实现实习的目标要求。

(二)委托指导实习

　　委托指导实习是由院(系)出面联系,或由实习生自行联系实习学校,实习生实习的指导工作和管理工作完全由所在实习学校负责,院(系)只派教师巡视的实习方式。这种实习方式是近年来正在尝试和探索,并取得了一定积极效果的新型实习组织方式。此种方式有三种组织形式:一种是将若干名实习生组成实习小组委托给事先联系好的中学,指派专业实习教师,一个教师负责几个实习点的工作,其主要职责是协调各种关系,负责管理实习生的思想教育和日常事务,其整个教育实习的过程则由实习学校全面组织和安排;另一种是由实习生自己联系实习学校,经专业实习领导组审查同意,由性格结构、智能结构搭配合理的 3～5 人自由结合,组成一个实习小组,由一名有一定组织能力的同学担任组长,聘请实习学校教师担任指导教师,委托实习学校管理,他们全面负责实习的指导、评分和鉴定等工作,高师院校派专业指导教师巡回检查、协调工作;第三种是回原籍实习,把实习生委托给其原籍教育部门,使实习和今后的就业相结合,学生可以进一步了解学校,学校也可以直接了解学生,有利于今后的求职就业。

委托指导实习有利于培养实习生解决问题和独立工作的能力,使实习生在毕业前就能适应工作;有利于调动实习学校的积极性;有利于缓和当前联系实习学校困难,专业指导教师缺编、指导力量不足等矛盾;有利于高师院校教学改革,增强了教育实习的活力。但是,委托指导实习尚处于尝试阶段,通过实践也暴露出一些问题:部分实习学校指导力量不强,其中有的中学指导教师不能胜任工作,直接影响了实习质量;有的实习学校由于师资缺乏,视实习生为补员,只管增加课时,却不精心指导,影响了实习质量;实习成绩把关不紧,普遍偏高;高师院校对实习学校情况不能做到完全心中有数,组织工作不细;实习点过于分散,教师巡回检查不便;个别自觉性差的实习生,对自己要求不严,实习效果差等。当然,这些问题并不是新的实习方法本身带来的,也不是不可以克服的。

针对委托指导实习所存在的问题,必须加强管理工作:第一,要选好实习学校,不理想的实习点应淘汰;第二,要选好指导教师,实习学校指导教师水平高低是影响实习质量的重要因素,指导力量薄弱的学校不去;第三,进一步完善实习成绩评定办法和细则,使实习成绩真实;第四,对实习生要提出明确的实习任务和要求,严格执行实习的各项规章制度,实习前要组织实习生反复学习讨论有关实习文件,提高实习生执行实习纪律的自觉性,发挥主观能动性,并实行定期自查汇报制度;第五,应加强组织领导工作,派专人负责实习工作,明确责任,尽早制订出详细、周密的实习计划,通知实习生和实习学校;第六,专业实习指导教师要加强巡回检查,检查实习过程是否符合实习计划,与实习学校领导及指导教师座谈,阐明委托指导实习的宗旨及意义,认真听取他们对实习的意见,以及实习生的表现情况,然后深入课堂,听取实习生讲课并予以指导,及时传递各实习学校的信息和经验,并做好实习生的思想政治工作等;第七,实习生要有高度的自觉性和组织纪律性,在实习中锻炼自己的独立工作能力,要充分依靠实习学校的领导和指导教师,及时与专业实习领导小组联系汇报工作,以便得到及时的指导,在实践中实现自我目标管理。

(三)固定实习基地的实习

各高师院校通过多年的努力,基本上都在一些交通比较便利,设备、条件比较好,师资力量强,乐于接受实习任务的中学建立了固定的实习基地。在这些实习基地实习,可从实际出发,根据本专业教师的力量、教学科研情况和实习生班级的基础,既可以进行蹲点实习,也可以搞委托指导实习。

四、中学生物教育实习基地的建设

中学生物教育实习基地的选择与建设,一直是中学生物教育实习工作的一个难点和重要问题,对教育实习的质量影响很大。高师院校生物科学(师范)专业应明确实习基地建设的意义,根据本专业的特点和中学的实际选择实习基地,并制定具体的措施和办法,加强实习基地的建设。

(一)建设中学生物教育实习基地的意义

1. 可以保证实习的稳定性

目前,由于各方面的原因,有一部分中学不愿接受教育实习的任务。所以,联系和确定实习学校一直是教育实习工作的一个难点。有计划地建立生物科学(师范)专业的固定教育实习基地,并保持长期稳定的协作关系,可从根本上解决联系实习学校难、实习生无法安排的问题,还能节约经费,减少实习前的选点工作量,并使实习质量的提高有了稳定的保证。

2. 是教育实习改革的支柱

实习基地是教育实习的工厂,也是尝试新的实习方式的试验基地,是教育实习改革的重要支柱。有了固定的实习基地,才有选择各种有代表性的典型实习学校,进行多种形式实习的探索和改革的可能。

3. 有利于实习经验的积累

教育实习基地的建设,加强了高师院校生物科学(师范)专业与中学的联系,使高师院校不仅能及时了解中学的教改情况,从中获得反馈信息,增强对中学生物教育的责任感,而且能探索生物教育规律,促进高师院校生物科学(师范)专业的教学改革工作。同时,也便于实习学校的领导和指导教师积累管理和指导实习的经验,不断提高实习质量。

4. 有利于促进中学的教学改革

通过建立相对稳定的教育实习基地,使高师院校生物科学(师范)专业和中学建立了固定的关系,双方创造和提供一定的互惠条件。高师院校为中学提供了现有教师知识水平更新的机会,并提供物质上的支援,对改进实习学校工作,促进中学的教学改革具有积极的意义。

(二)中学生物教育实习基地的选择

1. 实习学校的多样化

中学生物教育实习基地的选择,应从实际出发,既要注意实习学校的代表性和典型性,也要考虑实习学校的多样化。只有这样,才能积累不同类型学校的实习管理经验,把握不同中学生物教学实践中普遍存在的问题,改进高师院校生物科学(师范)专业的教学。中学生物教育实习基地既要有重点中学,也要有非重点中学;既要有城市中学,也要有农村中学。多样化的实习学校,可以从不同角度给实习生以实际体验和多方面的锻炼,对于增强实习生今后工作的适应性,提高未来教师的素质是大有帮助的。但是,不论选择哪类学校,都应注意将教学秩序好、有严格的规章制度作为重要的选择条件之一。高师院校附属中学是高师院校名正言顺的教育实习基地,应当努力建设好。

2. 实习学校的指导力量

要选择学校领导高度重视、热心支持教育实习、师资水平高、指导力量强的学校作为实习学校。领导重视是实习顺利进行的重要保证,指导力量强是实习顺利进行的必要条件。在教育实习过程中,尤其是委托指导实习的学校,指导教师发挥着主导作用,担负着培养实习生怎样教书、怎样育人的重任。指导教师应具备多种素质,要有对教育实习的正确认识和责任感,要有讲课的指导艺术和知识才干,要有比较广泛的专业理论和基础知识,要熟悉中学实际和教育理论。只有选聘具备以上素质的教师担任指导工作,才能保证教育实习的质量。

3. 实习学校的接待条件

实习学校要具备实习生的食、宿、办公等接待条件,还要有较多的教学参考资料、图书、教学挂图、实验仪器、活动场地以及电教设备等物质条件。

上述三个方面是实习基地选择的主要条件,要综合考虑,慎重选择。交通方便也是建立实习基地必须考虑的重要条件。

(三)中学生物教育实习基地的建设

选择符合条件的学校作为实习基地是实习基地建设的第一步,加强实习基地的建设是一项长期的任务。高师院校和实习基地学校应创造和提供一定的互惠互利条件,密切和发展协作关系,为进一步完善和巩固实习基地而努力。

实习基地学校可以根据本校的师资力量及其他条件接收和安排生物专业实习生进行教育实习、见习等;选派优秀教师和有经验的班主任老师指导实习生的教学、班主任实习工作,并为实习生讲授观摩课,介绍班主任工作经验;根据生物专业实习工作要求,督促指导教师对实习生进行认真辅导,切实抓好实习生教案编写、试讲、讲课、评议、总结等各实习环节,加强对实习生的纪律、考勤等管理工作,保证实习质量;为实习生提供必要的备课、试讲场所及实验设施等;在教育实习期间,及时地向专业实习领导小组或专业指导教师反馈实习生的各方面情况。

高师院校可以聘请部分实习基地学校教学经验丰富,对中等教育有较深研究的高级教师担任生物科学(师范)专业"中学生物教学法"课的兼职教师;派专家、学者去实习基地学校作学术报告,相互交流经验和信息,对中学生物教学及其改革给予帮助和支持;邀请实习基地学校的领导、教师来校参加学术会议、学术报告、讲座以及短期教育理论班;免费向实习基地学校赠送高师院校编辑出版的学报、杂志以及对中学教育、教学方面有参考价值的刊物、资料和生物模型、教具、仪器设备等;实习基地学校教职员工报考生物专业专升本班、专业证书班及夜大学的,同等条件下优先录取,学费可酌减,到生物专业进修或旁听可予免费;生物专业的野外实习课,可分期分批邀请实习基地学校的生物教师免费指导;生物专业可利用假期为中学生举办优秀学生短期学习班、夏令营等。

总之,实习基地的建设是在实践中探索的新问题,既要注意加强组织方面的联系,又要加强教学、科研、物质等方面的交流,以确保实习基地的可持续利用。

第四节　中学生物课堂教学实习

中学生物教育实习包括教学工作实习和班主任工作实习两大主要任务。中学生物教学工作实习主要是指中学生物课堂教学实习以及围绕中学生物课堂教学的其他教学工作实习,如作业的检查与批改、成绩的考核与评价、课外的教学与小组活动等。在上述中学生物教学工作实习中,重点是课堂教学实习。

通过课堂教学实习,使实习生初步熟悉和掌握中学生物课堂教学的一般规律,诸如中学生物教学的基本规律及各环节的要求;经过初步实践,锻炼实习生的中学生物课堂教学的各种能力,如编写教案的能力,说课、上课、评课的能力;使实习生初步了解和掌握中学生教育的一般方法;使实习生初步认识中学生物教学工作在培养祖国建设人才中的重要性和艰巨性。从而使实习生进一步端正并巩固专业思想,增强从事生物学基础教育事业的责任感和自信心。

中学生物课堂教学实习包括备课、上课和评课等环节。本章就各个环节分别加以阐述。

一、中学生物课堂教学实习的备课

备课是课堂教学的准备工作,包括编写教案和进行预讲两个方面,是课堂教学实习的第一个重要环节。由于中学生物课堂教学是一项内容复杂、任务繁重、极为严肃而又艰巨的工作,为了完成这项工作,实习生必须在上课前对每堂课的教学目标、任务、内容、方法进行全面的分析和研究,并设计出有效的方案,做好物质准备。从某种意义上说,备课是实习生保证课堂教学质量的关键,决定着整个实习工作的质量。因此,每个实习生都要尽全力备课,指导教师要悉心指导实习生备好课。

(一)编写教案

根据教育实习的具体情况,编写中学生物教案可包括要求与步骤两方面的内容。

1.编写中学生物教案的要求

根据实习期间中学生物教学内容的性质不同,课堂教学包括新授课、练习课、复习课、考核课及综合课等类型,最常见的是综合课。

中学生物综合课的结构和要求,在《中学生物教学法》中已经学习,并运用所学知识作过编写教案的初步练习,但没有结合实习学校的实际进行教学实践。实习生编写中学生物教学实习教案时,除了要钻研教材,充分考虑学生的实际外,还必须根据实习学校的生物教学设备、中学指导教师的教学情况等设计教学方法。

在教育实习过程中,实习生在编写中学生物教学实习教案时普遍存在的问题有:①把教材内容照搬到教案上;②不能自由发挥自己的特长;③把握不了整个教材体系;④内容讲不透等。

针对这些问题,中学生物教学实习备课必须做到"531"基本要求:"5"指"五备",即备课的五个方面,是备课的基础;"3"指"三个思维体系",是备课的关键;"1"指"一个目标",是备课的最终目的,即讲透内容。这些基本要求是实习生讲课成败的关键,对于学生分析问题、解决问题、语言表达、动手制作教具及思维综合能力的培养至关重要。

通过"五备"培养学生分析问题和解决问题的能力。"五备"指的是教师动笔写教案之前,应当充分准备并掌握好五个方面的内容,即:课程标准、教材内容、教学方法、学生基本情况及教师自身情况,简而言之就是:备课标、备教材、备教法、备学生及备自己。只有做到这"五备",才能充分掌握知识结构和实际情况,知己知彼,为上好课打下坚实的基础。课程标准是教育部对某一层次某一专业下达的学习目标和要求。由于社会的发展,知识在深入,因而在不同时期,课标对学习的内容可能有不同要求,教师应根据课标的要求,正确把握所授内容。对于实习生,应当明确课标是授课的依据,应学会分析和研究课标,掌握课标实质,分析课标要求的章节框架,寻找每章和每节的中心内容和要求,以便做到讲授时详略得当。教材是教育部组织专家为某一课程编写的学习用书,是授课的基础,也是学生学习的主要依据,所以,教师(包括实习生)必须熟读教材,掌握整个教材的体系和框架,并对每一节的内容全面分析,找出目标要求、教学重点和难点,才有可能在教学过程中游刃有余。教学方法是教师为将知识传授给学生而采取的手段,应在吃透课标和教材内容的基础上,选择适合本节课内容的教学方法,包括必要教具的准备、直观方法的运用、双方活动的计划等,教法的选择还应根据学生情况及个性而有所差别。学生情况显然对教师授课质量有直接的影响,课前必须详细了解整个班级的基本情况,如人数、学习质量、班风等,还必须了解这个班已学过哪些课程、哪些内容、学生掌握如何等,还要了解学生所处的社会环境、具备哪些常识、与本节课如何联系起来,然后根据具体掌握的情况,确定教法,使学生发挥最佳水平。备自己是教师根据自己的实际情况,了解自己对本节课的内容把握得如何,怎样才能使自己的授课得到最佳效果,自己掌握了哪些、还欠缺哪些等,不仅为授课画了一个基本框架,也为自己提出了努力方向,进而查阅资料,钻研教材,做到运筹帷幄,充满信心。总之,备课过程实际上就是分析问题、解决问题的过程。课备得如何,直接反映了实习生分析问题和解决问题的能力。

通过"三个思维体系"的融合可以培养学生综合能力、语言表达能力和动手制作能力。"三个思维体系"指的是教材思维体系、教师(或实习生)思维体系及学生思维体系。以哪个思维体系授课,显然是衡量一节课质量的重要指标。因此,实习生的授课可以分为四个水平层次:①没掌握教材思维体系授课;②以教材思维体系授课;③以教师(实习生)思维体系授课;④以学生思维体系授课。很显然,第四层次授课水平最高,达到这一水平的实习生不多;第三层次授课水平次之,达到这一水平的实习生人数最多;第二层次授课水平较差,尚有部分实习生停留在这个水平;第一层次授课水平出现时,学生往往会在课堂上反诘,使实习生极为尴尬,这一水平的实习生极少。把教材思维体系转化为教师本人思维体系,进而转化为学生思维体系,这是备课中两次质的飞跃,也是"五备"的结果。这就要求实习生在明确了努力方向之后,要下苦功夫完成这两次飞跃。最能体现学生思维体系的教学方法是启发式教学法。通过启发,使学生自然而然地进入知识境界,教师才能发现学生掌握了哪些、理解了哪些、还要弄清哪些,教师就能根据学生的思维和要求确定再讲哪些、怎样讲。启发式教学是素质教育中必备的教学方法,能使学生积极开动脑筋,提高学习兴趣,活跃课堂气氛,在轻松愉快中获得知识,是运用学生思维体系教学的成功手段。"三个思维体系"的融合和运用,除了与教师的分析问题、解决问题的能力有关外,在很大程度上还有赖于教师的语言表达能力,要求实习生既要看清、想到,还要说清、讲透,以最简洁、最明确的语言将问题实质揭示出来,需要大量的课前训练和日积月累。最能引导学生思维发展的是直观教具:标本、模型、挂图、板图等。标本的采集和制作、模型的选择和制备、挂图的设计和绘制、板图的画法和技巧等从不同方面反映了实习生的动手能力。这种能力的培养和提高也可在实习过程中得到某些补偿,但远远不够,均需平时教学时对他们进行有意识的强化训练。

通过"讲透"培养实习生把握整体的能力。"讲透"是指教师应把要讲述的内容分析清楚、解决明白,使重点突出、难点透彻。"重点突出"往往被一些实习生误解为多次重复,实际上是要求教师用不同的方法、从不同的角度和层次、多方位全面透彻讲述知识点。例如"花的结构"教学:首先,让学生看标本,与教师一起从外向内层层剖析,包括花柄、花托、花萼、花冠、雄蕊和雌蕊,如果标本不易看清楚,再边看模型边讲解或画板图;其次,以挂图的方式讲解花的详细结构以及各部分的名称、作用,挂图的优点在于可清楚显示花的内部结构;再次,让学生边看标本、模型、挂图,边将花的结构逐一说出,教师板书;最后,出几个简单的习题,检查学生掌握的程度,根据需要再加以补充或纠正;另外,在总结巩固中,再简单涉及其中的重要结构和功能(如雄蕊、雌蕊及其作用)。这样,一节课的重点无需教师说出,完全融合于连续的教学过程中,一点也不觉啰唆和多余。要做到这一点,没有对内容的全盘把握能力是无法做到的。多次单调的重复并强调何处是重点,显然就会使学生兴味索然,使一节课显得苍白无力。"讲透"主要表现在:重点要突出,难点要讲明白、讲透彻;过渡要自然,思维要清晰;线条要一致,框架要清楚。重点和难点的解决能充分反映教师的知识水平、解决问题和动手制作教具的能力,以及语言表达能力的高低;过渡自然是问题联系与转折的关键,怎样使得问题联系与转折顺畅自然,思维清晰必不可少;框架要清楚则是指内容的系统性要强,这对于学生的记忆和理解都是非常重要的。

2. 编写中学生物教案的步骤

编写教案是一项复杂而艰巨的工作,教案有简单教案与详细教案之分,对于实习生来说,一定要写详细教案。实习生编写教案分三步:

(1)确定教学目标,拟定教材提纲,明确重点与难点。对教材进行认真分析之后,每个实习生应独立钻研教材,并制定课时教学目标,写出教材提纲,确定重点与难点,并将这三项内容写成书面材料,为参加小组讨论做好准备。书面材料一式两份,在集体讨论之后,一份交中学指导教师,一份交系科指导教师,以便检查。

①确定教学目标。课时教学目标是根据课程标准规定的中学生物教学目标和本课时教材分析的结果来确定的,它是课堂教学的依据,是教学中必须达到的预定目标。确定课时教学目标一般应从生物知识和生物基本技能的传授、智能的培养及思想品德教育三方面来考虑。当然,并非每课时的教学目标都要包括上述三个方面的内容,后两个方面要视教材的具体内容而定,做到既深入挖掘教材的内涵,又不要牵强附会。教学目标应体现教材的中心内容,突出重点。拟定教学目标务求词句简练,既要高度概括,又要避免空泛;既要言简意赅,又要一目了然。

②拟定教材提纲。拟定教材提纲是组织教材、处理教材的重要手段和形式。其要求是:既要突出重点,又要以点带面;既要分清层次又要彼此联系。其步骤是:首先,要分析教材,了解课文结构,明确段落大意,掌握课文中心内容,注意前后联系;其次,组织、处理教材,对教材进行适当的精简、补充和调整;最后,用高度概括的语言把教材内容要点按一定形式表达出来。

教材提纲的形式有多种,常用的有:表解式提纲、图解式提纲、线段式提纲、问题式提纲、纲目式提纲等。其中纲目式提纲是将教材内容按一定的逻辑顺序列成若干条简明扼要的纲、目与要点,达到突出重点,配合讲解的目的。纲目式提纲有纯纲目式提纲和带简要内容式提纲两种。前者只有纲和目,无内容;后者既有纲和目,又有内容要点。中学生物课堂教学最常用的就是后者。因此,实习生拟定的教材提纲,主要是带简要内容的纲目式提纲。教材提纲既是教师的讲授提纲,也是学生学习、思考、记忆的依据,层次不宜过多,对初中生一般不超过三层,对高中学生可稍多些。

③明确重点与难点。通过教材分析,教材中的重点内容已经明确。如果该课时教材有难点,也应当已经发现,因而这时只需将重点难点列出,也

可在教材提纲中相应纲、目或内容要点后加以注明就可以了。

（2）集体讨论教材。在独立分析、处理教材的基础上，各备课小组要集体讨论教材。集体讨论教材时，要求全组实习生、院系指导教师和中学指导教师都参加。讨论一般由备课组长主持，内容主要是独立钻研教材中的三点。此外，也可讨论一些其他重要内容，如教材处理中的疑难点、形态和结构的关系等。

集体讨论教材可分三步进行：首先，某个实习生就其所准备的材料作中心发言，可口头讲述，或将内容较多的教材提纲写在黑板上，以便大家讨论时作补充、修正；其次，其余组员对照自己准备的材料，逐条逐项找出彼此的异同点，展开讨论。最后，由双方指导教师发表意见。

通过讨论，每一课时的教学目标要求统一，措词可有差异。教材提纲不但要求内容统一，而且纲目层次和措词都要统一或基本一致。因为教材提纲即板书的主要内容，要求板书的主要内容是一致的，不要各搞一套。同样，该课时的难点与重点也应基本相同。讨论发言要摆出观点，申述理由，这有助于深入理解教材内容的科学性和思想性，对提高实习生的认识能力，提高分析教材的水平，增加钻研教材的兴趣，都是有益处的。在讨论过程中，要求实习生人人发言，尤其对于那些平时开会不讲话或能力较弱的实习生，可点名让他发言。

讨论过程中，双方指导教师主要听取实习生的发言，引导他们认真、积极讨论，归纳趋于一致的意见；对争论不休的问题发表看法，使问题得到解决；对于一些难处理的教材，提出合理的解决办法。为了保持讨论的热烈气氛，指导教师可及时提示、启发思考，引导大家围绕某些重要问题深入讨论，如能因此引起争论，则收效更大。双方指导教师不一定只在最后发言，可与组员一道就每一个问题展开讨论。一般来说，指导教师的发言，应当是权威的，对所讨论的问题往往要起"定论"的作用。如果双方指导教师对某些问题有不同看法，而又不能在短时间内说服对方时，院系指导教师要尊重中学指导教师的意见。为了在讨论中有效地发挥指导作用，院系指导教师也要认真钻研教材，分析、处理教材。

讨论时，组长要做好记录。讨论的结果由组长及时整理，统一了的内容，同组实习生各自抄在教案上，不要擅自变更。

（3）独立完成教案的编写。实习生在小组讨论的基础上，继续独立钻研教材，写出教学过程，完成整个教案的编写。教学过程是教案的主体部分，包括本课时教学的全部活动方案和主要内容。实习期间，要求实习生编写的是详细教案。详细教案与简单教案的区别主要在于教学过程的详略。教学实习教案应基本达到"有言必录"的程度。实习生不会写教案，主要是写不好教学过程。要写好教学过程，可按教学法的要求做，这里仅针对实习生易出现的失误和一些常见问题提出几点注意事项：

①要合理设问。在复习旧课时，设问最好是既能检查复习旧知识，又能为引入新课作准备。问题的多少视新课任务的轻重而定，一般不超过 3 个。问题的题目与答案应写入教案，不要在上课时临时寻找答案，并写上将被提问的学生姓名。

②要设计好导言。导言的任务主要有二：一是联系旧知识，一般是在复习旧知识的基础上进行；也可联系当前时事或当地实际情况引入新课。二是引入课题，展望学习前景，激发学生的求知欲，奠定学习的心理倾向，并说明学习的主要内容。导言既要言简意赅，又要尽快切入主题。

③要紧扣教材。所谓紧扣教材，就是要围绕课本内容来安排教学过程，使学生掌握课本知识，而不是从课本以外大量增加新的知识内容；还要注意对教材进行适当"加工"，除对教材进行必要的精简、调整外，还可以适当地加以补充，包括：补充课文未加解释的术语、增补课文缺少的基础知识、引用生动的描述和浅近的比喻、补充课本图形的不足、联系国内外形势的发展和当地特色经济动植物等。进行这些"加工"，目的仍是为了说明教材内容。"加工"材料，无论是文字还是图形，都必须写在教案中。

④要把教学内容与教学方法结合起来表述。由于教材各部分内容的教学方法不同，把教学内容与教学方法结合起来写教学过程，可反映出教师是采取什么方法来传授知识的。在教案编写过程中，只写内容不写方法或内容与方法分开列出，都是不妥当的。"教学过程"部分，要充分体现出师生的双方活动，详细写出师生紧密围绕教学内容所进行的教与学的双方活动的情况和过程，写出教学过程是如何进行的。课本正文内容，不要大段地照抄到教案中。

⑤要重视对图形的分析。生物备课不能只备文字不备图形，应当认真

分析,仔细读图,备好各种图形,把分析图形所得出的科学内容、怎样使图形与文字配合讲述、如何指导学生读图,都写入教案中。

⑥要注意小结、总结与过渡。在"讲授新课"部分中,要注意对各部分进行小结;问题与问题之间要注意过渡,新课内容结束后要注意归纳总结。把如何小结、总结、过渡的内容都写入教案中。

教案初稿完成后,要经多次预讲、修改,抄好送院系指导教师审阅。院系指导教师审阅实习生教案时,重点可放在把握教材要点和对教学方法的思考上,不要一字一句地修改,主要应指出存在的问题,提示改进的原则和方法,并令其自行改正,以培养其独立编写教案的能力。实习生根据院系指导教师的批示,继续思考、钻研、修改教案,然后工整地誊写在正式教案纸上,在上课前2~3天送中学指导教师审查签字。中学指导教师发现问题,可令其再行修改。实习生一定要根据实习学校和实习班级的具体情况,依照中学指导教师的要求认真、仔细地修改好教案(表3-1)。

表3-1　实习课教案(格式)

实习生姓名:_____	实习学校:_____	实习班级:_____
中学指导教师:_____	院系指导教师:_____	授课时间:_____
课题:_____		
一、教学方法:		
二、课　型:		
三、教　具:		
四、教学目标:		
五、重　点:		
六、难　点:		
七、教材提纲:		
八、教学过程:		
九、教学后记:		

(二)预讲

预讲,是实习生正式上课之前的演习,是课堂教学实习准备工作中不可缺少的一环,对搞好课堂教学实习有着十分重要的作用。

1. 预讲的作用

教学实习中,凡是有"重写轻讲"倾向的实习生,教学效果一般都不佳;凡是教案写得好,又认真预讲的,其教学水平一定会有很大程度的提高。可见,搞好课前预讲,是保证课堂教学质量的重要措施之一。预讲的作用主要表现在:①能帮助实习生熟悉教材和教案,修改完善教案,初步掌握课堂教学的基本程序;②锻炼讲课的胆量,以免初次上课临场慌乱;③帮助发现问题,使课堂上可能出现的差错在课前得到纠正;④初步培养教学能力,尤其是口头表达能力和板书、板图、板画能力。

2. 预讲的形式

预讲的形式很多,常用的有:模拟式、自由式两种。

(1)模拟式预讲。所谓模拟式预讲,就是完全采取正规的课堂教学形式,力求把预讲搞得和正式上课一样,相当于剧目的"彩排"。模拟式预讲要求:在预定的教室里进行,听预讲的对象主要是同组实习生(有时也可组织少量中学生参加听讲);预讲者作为教师,听讲的实习生作为中学生,在预讲中都应当进入"角色";上、下课时"班长"要喊起立,"师生"要互相敬礼,"学生"发问和答问都要起立;预讲者对学生的答问或作业练习要当堂讲评或订正;预讲的内容是一堂完整的课,要按正式上课的环节进行,讲练、问答、板书等严格按教案执行;时间也要求和上课一样。总之,一切按正式上课的要求进行。模拟式预讲的好处有:①可以创造非常逼真的课堂教学氛围,使实习生得到初步锻炼,有助于克服正式上课时的怯场现象;②便于组织双方活动,练习运用启发式教学;③便于检验教案设计是否符合实际,在运用教案中存在什么问题;④能够从预讲中发现教案里没有发现的缺点、错误,如教态、语言、板书等以及讲解和板书配合等方面的毛病,以便及时纠正;⑤有利于培养组织教学和掌握教学时间的能力及严肃认真的工作作风。

(2)自由式预讲。所谓自由式预讲,就是不必按上课的实际步骤进行,不要求与模拟式预讲那样正规,但要讲究实效,可因人、因时、因地制宜。自由式预讲的时间不必求全,可以是一堂课的全过程,也可以是一堂课的某个或某几个环节,如"导入新课""讲授新课""全课总结""复习巩固",或分析某一图形等。预讲的地点可以不定,可在教室里边讲边板书边画图,也可以在室外独自讲述。预讲的方式可以随意,听预讲的人可多可少,可有可无,可以一人讲一人听,也可以自己独自默讲。自由式预讲灵活方便,可以"各取所需",其好处有:①简易方便,不受条件的限制;②有助于熟记教案,训练口头表达能力,训练教态;③有利于进行课堂教学中的某一单项训练或重点训练,如讲解与板书的配合,各环节时间的掌握等;④同组实习生可轮换讲,你讲我听,我讲你听,相互取长补短,收效更大。

目前,一些有条件的师范院校,对实习生的预讲进行录音或录像(微格教学)。通过录音或录像,可使预讲的声音或情景重现,预讲者本人可站在客观立场上来听、看自己的预讲。这样更有利于自己发现预讲过程中的缺点、错误,以便纠正。

3. 预讲时应注意的问题

组织、指导好预讲,是搞好课堂教学实习不容忽视的重要一环,主要应注意下列问题:

(1)要合理安排预讲。每个实习生在正式上课,特别是上第一堂课之前,都必须进行预讲练习。预讲可分四步走:第一步是个人单独预讲;第二步是以备课小组为单位,有同组实习生听课的小组预讲;第三步是有院系指导教师参加的预讲;第四步是有中学指导教师参加的预讲。当然,这四步的界限并不是严格划分的,有时可以打乱。预讲的次数不必强求,可视各人的具体情况而定,应讲求实效,但指导教师也可以规定基本次数。对于单独预讲和小组预讲,指导教师要认真抓,做到心中有数。正式上第一堂课前,每个实习生至少进行两次有院系指导教师或中学指导教师参加听课的预讲。对于那些胆量小、业务能力差或表达能力差的实习生,应多加指导,并要求他们适当增加预讲次数;对那些自觉性不太强的实习生,既要严格要求,又要耐心指导。从第二堂课起,可以提倡实习生继续进行课前预讲,对那些在第一堂课中存在问题较突出的实习生,更应要求他们做好每堂课前的预讲。

(2)要抓好第一堂课的预讲。为了"打响第一炮",为整个课堂教学打下良好的基础,双方指导教师要抓好第一堂课的预讲练习。从首次感知的心理原理可知,第一堂课给中学生的首次感知印象将十分深刻,其所产生的心理效应具有重大的积极意义。学生听了成功的第一堂课后会对实习教师产生敬佩心理,并换来良好的课堂秩序,这是中学生对实习工作的最大支持。同时,成功的第一堂课,也会激励实习生,促使他们不断进取。所以,要搞好

第一堂课的预讲,"打响第一炮",重要的一环就是要抓好第一堂实习课的预讲。对第一堂课预讲的严格训练,正是实习生锤炼教学基本功的开始。

一般来说,在下到实习学校之前,各院校都有安排在本院校的备课阶段。从这一阶段起,院系指导教师就应抓第一堂课的预讲,组织实习生进行单独预讲。进入实习学校后,各院校一般还安排有"见习周"。在"见习周"内,双方指导教师仍要继续组织、指导第一堂课的预讲,并要求实习生把预讲和修改教案结合起来,边讲边改,使他们的教案、教学更接近课堂教学实际。预讲不仅可以预演教案的全部内容,而且还可以反映出许多从教案中看不出的问题。因此,双方指导教师听预讲比审批教案更为重要,应以听预讲为主。

(3)要及时指导每次预讲。指导教师在实习生每次预讲后,应在以下七个方面给予及时指导:①在教态方面,要求预讲者应严肃认真,不要以为是预讲就可随随便便,应养成良好习惯;②在胆量方面,通过预讲逐步克服怯场现象,对胆量小的实习生更要多加鼓励;③在语言方面,应讲普通话且要求讲述口语化,对方言过重的要随时指出,让他们多练普通话;④在熟练程度方面,应要求实习生能逐渐脱开教案讲课;⑤在互动方面,要求师生互动如上课一样开展:预讲提问,听课的实习生要和中学生一样作答,进行师生交流;⑥在教学方法上,直观教学也应开展,如运用挂图、模型、标本、板图、板画,进行电化教学等;⑦在时间上,要求实习生把握好课堂教学时间,可采用"分段计时法",按教学各个环节、各部分教学内容把 45 分钟进行合理分配,避免有的时间少了而拖堂、有的时间余下太多无事可干、有的重点内容花时间少非重点部分反而占时多等弊端。预讲后,要根据各段实占时间和应占时间进行适当调整,讲课时按调整后的时间进行。当然,预讲与课堂实际情况不可能完全一致,因而时间分配应留有余地,并注意及时调整。

二、中学生物课堂教学实习的上课

这里所说的上课,专指实习生的教学实习上课(简称:实习课),包括实习生在实习课堂上的全部教学活动。

（一）实习生上课的一般特征

实习生上课是课堂教学实习最重要的一个环节,是整个教学实习工作的核心。经过认真备课之后,实习生就要根据实习教学计划上实习课。实习课不仅具有一般综合课的五个基本环节:组织教学、复习检查旧知识、讲授新知识、巩固新知识、布置作业等,而且具有其独特之处,具体表现如下:

1. 感觉上的陌生性

实习生不但对自己的教育对象、实习学校的管理常规、中学指导教师的教学习惯和要求感到陌生,而且他们之中绝大部分人从未上过讲台,对课堂上如何组织教学、如何开展各项教学活动等都感到陌生。

2. 时间上的短暂性

多数高师院校教学计划规定的教育实习时间仅有两个月,在实习学校的时间一般是六周,包括一周见习、两周班主任实习、两周教学实习和一周总结,实际上课时间仅两周左右。中学生物学科周课时少,每个实习生实习期间一般只能上 4~8 节课。由于实习时间短、上课节数少,实习生刚对教学环境有所熟悉,对课堂教学过程和方法刚摸到一点门路,实习工作已经匆匆结束了。

3. 方法上的依赖性

在教育实习过程中,由于有院系指导教师和中学指导教师对实习生进行实习经验的详细介绍、实习过程的全面指导、预讲和实习课的听课与评议,使得实习生对课堂教学方法和过程不必自己独自摸索,存在一定程度的依赖性,缺乏完全独立性。

4. 过程上的片段性

在短短几周的实习过程中,实习生的见习听课和所上的实习课仅是整个教材和全学期、全学年教学中的一个片断。这期间,实习生不了解学生前段学习的实际情况,也不了解以后的学习对实习期间所上的这几堂课的要求,他们基本上是孤立地、"断章取义"地备课、讲课,实习过程具有片段性。

5. 态度上的认真性

在院系领导和指导教师的严格要求下,绝大部分实习生能够端正实习态度,认真对待教育实习。同时,在实习学校领导的严格要求、指导教师耐心教导下和学生的殷切期盼下,实习生们唯恐工作失误,唯恐上不好课,为了不断提高自己的教学水平,一定会进一步端正实习工作态度,一定能够把这种认真的态度保持始终的。

(二)上好实习课的基本要求

备好课、写好教案、搞好预讲,是上好实习课的前提条件。除此之外,上好实习课的基本要求如下:

1. 要注意教态自然

实习生在预讲时,尤其是上第一堂课时,普遍表现出教态不自然。如:有的实习生一上台就手足无措,语无伦次;有的实习生不敢注视学生,只顾低头或侧头背教案;有的实习生在台上来回不停地走动,或者总站着不动,或者常重复某一动作;有的实习生总是板着一副脸,唯恐一露笑容就有失威望;有的则常无缘无故地笑……种种表现,充分反映出实习生内心紧张,教态拘谨。要上好实习课,首先要解决教态问题,做到教态自然。要做到教态自然,主要是内心不能紧张,可以从以下两个方面努力:

(1)课前准备要充分。即充分熟悉教案和学生,做到"胸有成竹,知己知彼",并通过反复预讲训练,初步克服怯场、紧张的情绪。

(2)对上好课要充满信心。上课时要沉着冷静,表情要自然大方,讲述和互动要从容不迫,要敢于面对学生。

2. 要注意语言表达技巧

教学语言是教师在课堂教学中表达思想、交流情感、传递信息的重要工具。在生物课堂教学中,知识的传授、能力的培养、素质的提高,都要通过教师的语言来实现。教师的教学语言正确、规范与否,直接关系到课堂教学的成功和失败。大凡成功的教学,无不得益于教学语言的功力,即正确、规范。中学生物学科实验、实践性问题较多,涉及的面广,知识跨度大。因此,更需要生物教学语言的规范化,这已成为每一位教师必须练就的教学基本功之一。规范中学生物教学语言,应该注意以下几个方面:

(1)注意语言的科学性。生物教学语言的科学性是指教师讲授的基本知识,要求真实、确切。所谓确切,就是要求上课用严谨的语言、准确的词汇来表达概念、叙述原理,不能含糊笼统,切不可胡言乱语。例如,"细胞是一切生物体的结构和功能的基本单位",乍一听似乎正确,细一想却存在科学性问题:病毒就没有细胞结构,反之,难道病毒就不属于生物了吗? 由于措词不准确而产生的科学性的错误,对教师而言,是不允许的。

生物教学语言的科学性,主要体现在教师对教学内容的表达上的科学。例如,如果说"哺乳动物都是胎生、哺乳的",显然把话说绝了,不够科学;如果说"哺乳动物在一般情况下都是用肺呼吸的",本来应该肯定,却又把话说得太留有余地,也是不够科学的。

生物教学语言的科学性,还体现在教师要用生物学的专用名词术语进行教学,不要滥用习惯用语、口头禅来替代生物学名词概念、原理。例如,我们平时习惯于把皮肤浅层的静脉叫"青筋",把鸟类的喙说成是"嘴"等,这些说法都是不科学的。因此,教师一些平时习惯的说法要慎重,不但不能用于教学中,而且要着意纠正。

(2)注意语言的系统性。口头讲述要做到条理清晰,语言一定要符合逻辑,要有严密的系统性,不能颠三倒四,东扯西拉,也不能信口开河,顾此失彼。

(3)注意语言的艺术性。应克服语言平淡、声调低沉、节奏太快的毛病,要做到抑扬顿挫,有高有低,有强有弱;宜快则快,当慢则慢;正确运用"重音"与"中休";讲述要配合肢体语言,并富有表情;语言要常带启发,多设疑释疑;注意提炼语言,使之生动有趣,善用比喻,多联系实际。

(4)注意语言的穿插性。许多成语蕴含着深刻的生物学原理,或反映着丰富的生物学现象,设计一些新颖别致、活泼有趣的成语型练习题启发学生挖掘其中内涵,既有利于培养学生分析问题、解决问题的能力,也可加强生物学与文学知识之间的横向联系,对学生良好知识结构的构建大有裨益。例如,"作茧自缚"的昆虫处于变态发育的蛹期,"油光满面"是人的皮脂腺活动加强的表现,"蜻蜓点水"是蜻蜓在产卵,"金蝉脱壳"是指蝉的若虫在蜕皮……生物教师适时地把这些成语穿插课堂教学语言当中,不仅可以丰富生物教学语言,而且可以提高学生学习生物的兴趣。

(5)注意语言的口语化。教学语言既不能等同于口头语言,也不能等同于书面语言。因此,生物教师都应当根据自身实际,努力增强教学语言口语化的修养。首先,要把备课的过程当做锤炼教学语言的过程,只有深入钻研课标,吃透教材,了解学生,才能进行教学语言的再设计和再创作,写成自成一体的口语化教案。口语化的教案要求教师在口头表达上有一定的节奏、停顿、抑扬顿挫、语气声调等变化的艺术性,并逐步做到声情并茂,诙谐幽默。

(6)注意语言的趣味性。学生的心理特征之一是好奇,富有新鲜感,表现出强烈的求知欲。教师要抓住学生这一心理特点,在课堂教学中,语言要善于启发、诱导,突出趣、新二字,以激发学生的好奇心。例如,在讲"生物的生殖"一节时,介绍克隆技术的利和弊;在学习"基因对性状的控制"时,给学生介绍基因工程对人类的贡献;学习"矿质代谢"时,给学生介绍无土栽培,可培养无污染的绿色产品,还有人类基因组计划、DNA 亲子鉴定等,都可适时地与课本知识结合讲解,学生会感到轻松有趣,连最淘气的学生也凝神静听,心驰神往,兴趣倍增。

总之,生物教学语言的规范化是中学生物教学之语言技能的基本要求。内容上,要言之有物,言之有序,言之有理,言之有新,言之有情;形式上,要准确精练,形象生动,风趣含蓄,通俗易懂,流畅自然。

3.要组织好课堂教学

组织课堂教学一直是实习课中突出的问题。有些实习生认为,只要我把讲授任务完成了,课堂纪律好坏与我无关。实际上,组织不好课堂教学,教学任务就难以完成。组织好课堂教学,必须做到以下三点:

(1)要重视组织教学。思想上,要明确组织教学的好坏直接关系到教学目标的实现,各种教学方法的运用及教学效果的高低是课堂教学顺利进行的保证。

(2)要敢于组织教学。多数实习生不敢抓课堂纪律,一怕与学生当堂对立,二怕耽误了讲课时间。事实证明,组织教学得法,不会使学生产生抵触情绪,不会与学生发生当堂对立、"顶牛"现象;坚持抓好教学组织工作,不会耽误很多时间,即使耽误了一些时间,只要能保证课堂教学的顺利进行,也是值得的。

(3)要善于组织教学。有些实习生敢于抓课堂纪律,却不得法,以致效果不明显。例如,发现有学生违反课堂纪律时,就喊一下、吼一声,或用教棒敲打一下讲台,接着又继续讲课,如此重复,结果是收效甚微,课堂纪律越来越差;有的只在一堂课的前段抓一两次纪律,之后就不闻不问了,自认为组织教学是课堂教学的头一个环节,只是开课之初的事。

事实上,组织教学是由教师的一系列有目的、有计划或随机的活动所组成。从上第一堂实习课开始,实习教师就要有意识地培养学生遵守课堂常规,如:做好课前准备、准时上课、不能随意讲话、不做与本课无关的活动、发言要先举手等。组织教学是课堂教学的重要一环,不仅只在上课之初,而应当贯穿在整个课堂教学进程中。对违反课堂纪律的现象,应视其具体情况采取适宜的方法,如:用目光注视、正面引导、请回答问题、暂时停止讲课、点名批评教育等。与此同时,教师既要严肃认真,又要和蔼可亲,语言不要过于生硬,要防止产生对立情绪,避免发生冲突。课堂解决不了的问题,可以留在课后通过耐心细致的思想工作来解决。

4. 要认真实施教案

上课即实施教案的过程,实施教案即教师按照教案规划的教学行动方案所进行的教学活动。实习生的教案是在认真钻研教材、充分了解学生,并在集体讨论的基础上,经过预讲、修改和审阅,由实习生精心设计并要求在课堂上付诸实施的教学行动方案。实习生上课时,应当严格执行教案中规定的各项要求,按照教案制定的教学程序、教学方法开展各项教学活动,不能随意变更。

要想顺利地实施教案,实习生必须十分熟练地掌握教案基本内容,能完全脱稿(但又不是背教案)进行教学。只有这样,才能随时了解学生情况,及时反馈信息,灵活自如地开展教学活动。但在课堂教学过程中,有时也会遇到一些意外的情况,如学生回答问题花时间过多、学生提问偏题、学习纪律不好、个别学生突然生病、室外干扰过大等内外部因素的影响,延误了教学时间,这就必须适当地调整教案,如将谈话法改为讲述法、省去巩固新知识这一环节等,这是课堂教学应变能力的表现。

5. 要善于启发提问

在中学生物课堂教学中,进行启发式教学的方法很多,如启发提问、引导读图、讲练结合、指导阅读、组织讨论等。其中,启发提问是最重要、最常用的,启发提问要做到:

(1)问题应有思考性。问题太易,只是问"对不对""是不是"或不加思考就能回答的问题,缺乏思考价值,达不到启发的目的;问题太难,大家都想不出,就不愿思考,也难达到启发思考的目的。一个较难的大问题可以分解成几个相互联系的较容易的小问题,逐步启发学生思考回答。

(2)问题要明确、具体。生物教学语言要有针对性是针对教学对象的年龄和知识水平而言的。中学生物学科知识不可能都像大学生物学那么严谨,它的科学性程度要考虑到学生的年龄特点和可接受性,也就是说对不同年龄的学生要使用不同程度的教材内容和教学语言。在初中生物课堂教学中,教师要特别注意语言的针对性,不能用适用于高中年级的语言代替进行初中生物教学,自以为科学性更强,实际上已脱离了学生的年龄特点和知识基础及初中的生物教学要求。例如,"细胞中无成形的细胞核"适于初中学生的年龄特点和知识水平,而过早使用"原核生物""真核生物"等名词只能是拔苗助长,反而不能使学生接受。

(3)提问方式要得当。问题提出后,要设法引导学生去积极思考,并给一定的思考时间,不要急于点名叫学生回答,要鼓励学生主动举手发言。

(4)对学生的回答,要给予中肯的表态。当学生回答正确,尤其差生经过努力回答正确时,教师要及时给予肯定和表扬;当学生回答错误,尤其是差生百思不得其解时,教师不要随意否定和批评,应循循善诱,启发思考,努力作答;学生回答后,教师应归纳总结,得出全面准确的答案。

6. 要运用好挂图辅助教学

赞可夫曾评价:挂图是特殊的智力艺术,很多生物教师也常说:挂图是生物教学中的第二语言,足见挂图在辅助教学中的地位。因此,在中学生物课堂教学实习中,要充分运用挂图辅助教学。运用教学挂图辅助教学时要做到:

(1)要遵守悬挂和演示的规则。运用教学挂图时,悬挂要及时,未出现过的图不能过早挂出,以免分散学生的注意力;挂图的位置要挂得适当,不能过高,也不能过低;一张图一般挂在黑板的左侧,两张图一般分挂于黑板左右两侧,主挂图在左,辅助挂图在右;指图时,应侧面站立,用指图杆干脆、准确、熟练地点划,不能犹豫不决,更不能拿着指图杆在图上乱挥乱舞,以免挡住学生视线;指点状物(如小器官)时,必须把指图杆指在小器官处;指线状事物时,指图杆要按一定方向沿线移动;指区域时,可先把指图杆指在该区域范围内任何一个地方,然后沿着这区域外围环绕一周。

(2)用挂图辅助教学注意事项。运用挂图辅助生物教学,应注意挂图与挂图册、课本图相互配合;应注意挂图与课文内容相结合;在多幅图展示时,应注意"挂图叠置法"的运用;在引导学生读图时,应注意多向学生提出有思考价值的问题;在读图技巧方面,应注意培养学生的读图能力。

三、中学生物课堂教学实习的听课与评课

听课与评课是课堂教学实习中一对密切相关的环节,实习生应该学会如何听课、如何评课。听课是整个实习期间所有实习生经常进行的活动,如见习听课、预讲听课、实习课听课、示范课听课等。听课后,听课者无疑会对所听课有着不同的看法和建议,通过评课,可以取长补短,互相学习,共同提高。

(一)教学实习的听课

1. 听课的组织

实习期间,实习生除备课、写教案、预讲和上课外,还应经常听课。见习周内,要集中时间听中学指导教师的课,从而熟悉实习学校教学常规,学习老教师教学经验,了解中学指导教师的教学习惯。更多的是预讲及教学实习期间实习生的相互听课。高师院校规定:每个实习生对同一进度的课都要听;两人同教一个班的课都要听;不同班、不同进度的课,提倡多听;每个实习生的第一堂课、最后一堂课和全组的公开课,全体实习生要进行集体听课。实习期间,每个实习生应当听多少节课,指导教师可规定一个基本数,一般平均每周不应少于3节。听完课后要及时交换意见,或参加评议,这实际上又是一次深入的集体备课活动。例如,有的实习生为了激发学生对上新课的兴趣,注重"新课导言"的设计;有的实习生为了进行启发式教学,精心安排教学过程,设计颇有思考价值的提问;有的实习生充分运用挂图进行教学等,都为后面上同一进度课或类似课的实习生提供了参考,使实习课一堂比一堂上得好,起到了相互学习,取长补短,借鉴创新,共同提高的好效果。

2. 听课的基本要求

实习生参加听课,应明确以下基本要求:

(1)要做好听课的准备。听课前,要熟悉、钻研教材,准备笔记本、钢笔等记录物品,避免只带耳朵听、不带纸和笔的"寡听"现象,须知"好记性比不上烂笔头"。

(2)要遵守课堂规则。听课时,应在响上课铃之前进入教室就座,不要中途闯进,也不要中途随便离开;上、下课要同学生一道起立、致礼;听课时不要议论,以免影响学生学习。

(3)要认真听课和记录。听课时要精力集中,认真作好记录,做到听、看、想、记结合,耳、眼、脑、手并用,这样才能获得良好的听课效果。值得提出的是,除了实习生相互听课外,双方指导教师也要听课,每堂实习课都应有指导教师参加听课,以便及时反馈信息,掌握实习生讲课的具体情况,"对症下药"地进行指导,为评定课堂教学成绩提供依据。

听课要记录的内容很多,而且教学实习中的观摩听课多以全面观摩为主,因而需作全面的详细的记录。为简便起见,可将主要内容归纳成如下听课笔记(表3-2):

表3-2　实习生听课笔记表(格式)

	教学实录	优缺点及建议
板书提纲		
板图板画		
双方活动		
教学方法		
教学进程		

(二)教学实习的评课

这里所讲的评课,专指对实习生所上的实习课进行的课后评议。

1. 评课的意义

评课的意义在于把教学实践提高到教学论的原则高度来认识问题。通过评议,发挥集体的智慧,发掘实习课的优点和缺点,使实习生能够较全面地认识自己在讲课过程中的成功和不足,取长补短,明确努力方向;使参加评议的实习生可以学习他人的经验,借鉴他人的教训,扬长避短;使实习生从集体评议,特别是双方指导教师的评议中,汲取"营养",改进教学;指导教师可以对实习生实施"再指导",可以获得评定实习成绩的可靠依据,还可从发言中看出实习生的评课水平。

2. 评课的内容

评课的内容很多,主要包括:

(1)是否达到了教学目标;

(2)教学内容是否正确;

(3)问题分析、处理是否得当;

(4)重点是否突出,难点有没有突破;

(5)教学方法是否优化;

(6)双方活动、启发式教学开展得怎样;

(7)板书、板图、板画是否符合要求;

(8)语言的条理性如何;

(9)是否注意情感态度及价值观教育;

(10)是否注意智能培养;

(11)教态是否自然大方;

(12)语音、语调如何;

(13)组织教学开展得怎样;

(14)时间分配是否恰当;

(15)教学效果如何。

3. 评课的程序

对实习课的评议,一般由中学指导教师主持,以实习小组或者备课小组为单位,召开评议会。评议会的原则是,每听完一堂课开一次评议会,但受时间及其他因素限制,一般是听完同一进度的2～3堂课开一次评议会,而且只对每人的第一堂和最后一堂课进行评议。对于中间阶段的课,在听完课后实习生可以个别交换意见,指导教师可以对讲课者进行个别指导。

评议会的程序一般包括以下五个步骤:

(1)整理准备。听课者的听课记录是跟随教学进程所做的"流水账",缺乏条理性、系统性,因而需加整理。整理可从三方面着手:第一,选取教学过程中的重要事例,按评议内容进行分类;第二,分析出授课者的主要优缺点;第三,分析教学成败的主要原因,并提出改进意见和建议。记录整理之后,可以分头酝酿,作好评议发言准备。与此同时,授课者本人可回顾讲课过程,作好自我分析准备。

(2)授课者自我分析。分析自己的教学质量不仅具有自我教育意义,而且对听课的全体实习生,能产生良好的借鉴作用。自我分析首先要介绍备课过程,诸如怎样分析处理教材,如何设计教学方法,如何安排教学过程;还应着重分析、说明实施教案的实际过程,哪些地方执行得好,哪些地方执行得不好;自我分析不必面面俱到,应突出重点,抓住主要部分;自我分析态度要诚恳,应谦虚谨慎,实事求是,既肯定自己的成功之处,也要看到不足;授课者要虚心听取实习同学和指导教师的意见,特别是要尊重原任课教师的意见,切忌当场争吵,宜在事后商讨。

(3)评议发言。一般以实习小组或备课组为单位召开的评议会,人数不多,听了课的每个实习生都应参加评议,积极发言;可依据评论内容,并参看自己整理的记录进行评论,各抒己见,畅所欲言;实习学校和院系指导教师可与大家一道评议,但主要是在实习生都发言之后,再系统地发表个人看法。

(4)授课者表态。评议发言结束后,授课者要表明自己的态度,说明哪些意见很好,自己虚心接受;哪些意见暂时还消化不了,需待会后进一步领会;最后,对大家的评议表示衷心感谢。

(5)评议总结。由评议会的主持者、中学指导教师作评议总结。总结既要归纳大家的意见,也要包含指导教师个人的看法,全体实习生要认真记录,不断改进自己的实习教学。

4. 评课的要求

(1)既要有理论,又要有依据。要使评议有说服力,使全体实习生通过评议提高认识,真正起到"再指导"的作用,评议不能就事论事,要上升到理论高度,根据一定的理论来进行评议。教育学、心理学、逻辑学等有关的理论,是评议中学生物实习课的理论基础;中学生物教学的一般过程和基本原则、分析处理教材的基本方法、挂图和直观教具的运用、口头讲授的艺术等是评议的理论依据。

（2）既要抓重点，又要抓全面。评议应按上述评议内容,结合课堂教学实习的评分标准,全面衡量。但无论在肯定优点还是指出缺点时,都应抓住要领,切忌"胡子眉毛一把抓",既要使授课者认识到上课存在的主要问题,明确今后主攻的方向,又要使听课者扬长避短,共同提高教学水平。

（3）既要实事求是,又要以诚待人。评议要从实际出发,既要肯定长处、指出不足,又要分析原因并提出改进的建议;即要反对"轻描淡写"或恭维客套,又要防止不提优点尽提缺点。对起步早、程度较高的实习生,评议时可按高标准来要求,以防止产生自满情绪;对起步迟、程度较低的实习生,则应尽可能发掘其成功和进步之处,在指出存在的突出问题时,要多加鼓励,使其克服自卑感,奋起直追,不断进取。

（4）既要讲求实效,又要鼓励创新。由于授课者各人的知识、经历、素质等不尽相同,因而在处理教材、采用教学方法等方面也会各有特点。有的实习生还敢于在某个方面打破常规,有所创新,对此更应加以肯定,提倡各尽其长。

四、中学生物课堂教学实习的指导

指导课堂教学实习,并非是简单地看看教案、听听课、评评课的问题,而是一项必须通盘考虑、周密安排的复杂工作。如何指导好中学生物课堂教学实习,前面的有关内容已作了一些阐述,这里再谈谈要做好这一工作必须注意的几个具体问题:

（一）指导好两堂研究课

实习生上研究课,是提高教学实习质量的重要手段。一般可安排两堂研究课:一堂是在开始阶段的先行课,研究如何组织和开展教学;一堂是在实习中后阶段的提高课,研究如何进一步提高教学水平。有意识地组织实习生上好研究课,对推动整个实习工作大有帮助。它既可检查教学实习的质量,也可提高课堂教学水平,还可使整个教学实习工作稳步地向前发展。

不论是先行课还是提高课,都有某种程度的示范性。比如,会说普通话、语言表达清楚、讲解条理清晰、新课导言新颖、善于用图教学、双方活动搞得活跃等,都能取得很好的示范作用。

指导研究课的要求:①要使全体实习生明确,上好研究课绝不是实习生个人的事,而是全组的事,一定要把它作为整个实习组的重要工作来对待。②双方指导教师要认真挑选上研究课的人,要选那些思想品德好、责任心强、业务水平较高、语言表达清晰、在某些方面有特长的实习生来担当重任。③要指导、研究备课,包括整个教案编写的全过程、多次预讲的听讲与评议。④要防止可能发生的两种不良倾向,既要防止讲课者产生自满情绪,还要防止其他个别实习生课前、课后说风凉话。⑤原则上要求实习组全体师生参加,并邀请中学指导教师、实习学校有关领导参加两堂研究课的听课、评课活动。⑥先行课一般要安排在全组的第一堂课讲,提高课应注意选题,考虑选择讲授哪一个课题内容最为合适。

(二)要求写好教学后记

教学后记,又叫课后小结,即教师教完一堂课后,用简明扼要的文字,记下该堂课教案实施情况、上课后的心得体会、经验教训及学生课堂活动情况等,也可以对这堂课进行自我分析、鉴定,以利今后改进。指导教师应要求每个实习生都学习写教学后记,并记入教案里的"教学后记"一栏里,也可以札记的形式记在专用实习笔记本上,作为实习生进行教育实习总结的依据之一。

教学后记的内容主要包括三个方面:(1)对教案本身的检查。它是继预讲之后,进一步对教案的自我鉴定。例如,设计是否符合学生实际,其中哪些值得肯定,哪些还存在问题,如何从中得到借鉴,如何改进等。(2)对教案执行情况的回顾。例如,教案运用是否熟练,比预讲有哪些进步,有无照本宣科等毛病,是否按原计划完成了任务,课堂教学艺术上有哪些不足,如何改进等。(3)学生对教学的反应怎样,对新教材的理解、掌握程度如何,在答问或练习中有何突出表现等,均可记入后记之中。

(三)做好阶段性讲评

指导教师要根据实习期间各阶段的特点、实习生的思想问题、教学实际情况等,及时地进行阶段性讲评。按照实习发展过程的一般规律,对全组可进行三次讲评:

1. 见习阶段讲评

见习周内,实习生往往出现两种倾向,一是埋头于教案,不重视听课和了解学生,一心只顾写教案、改教案、背教案,甚至把听课、下班级视为负担;二是对上第一堂课胆怯,甚至寝食不安。针对上述现象,可适时向全组作第一次讲评。①要向他们讲清上好第一堂课的重要性,提出"打响第一炮"的要求,并做到认真听课,深入了解,胆大、心细,充分准备。②要向他们讲清听观摩课、了解学生和修改教案对上好第一堂课的作用,要把三者结合起来,积极做好教案送审和预讲工作。③要根据实习生备课以来的成绩,充分加以肯定,分析有利因素,帮助他们放下思想包袱,树立信心,做到战略上藐视困难。④要组织他们研究第一堂课里可能发生的问题,向他们多提出几个"怎么办",如知识讲错了怎么办? 内容突然忘了怎么办? 对学生发问答不出来怎么办? 时间掌握不准怎么办? 等等,要他们讨论出解决办法,有备无患,做到战术上重视困难。这样,实习生既懂得了上好第一堂课的重要意义,又作好充分准备,克服了胆怯心理,自然就能情绪饱满,轻装上阵了。

2. 中间阶段的讲评

中间阶段,即课堂教学实习全面铺开以后,到作实习总结以前。实习生在这个阶段教学实习方面的主要任务是备课、预讲、上好实习课、相互听课、参加评议等。这一阶段,因闯过了第一关,而易产生松劲情绪。针对这一情况,应及时向全体实习生提出"防止松劲,再接再厉,上好每一堂课,不断提高教学水平"一类的要求,进行第二次讲评。一方面要讲清"上好每一堂课"的意义,发动大家找出差距,分析原因,全力以赴,努力提高。另一方面要与中学指导教师配合,采取多种措施,如抓紧相互听课,课后评议,集体备课,举行研究课,开展教学方法改革的探讨等,以克服松劲情绪,教好每堂课,使每个人的教学水平"芝麻开花节节高"。

3.总结阶段的讲评

这一时期,课堂教学实习任务基本完成,实习上课接近尾声,实习进入总结评价阶段。这时,实习生往往精力不能集中,出现前紧后松的倾向。针对这一特点,可进行最后一次讲评,向全组提出"善始善终,上好最后一堂课"的要求。除了督促他们认真准备总结外,还要提醒他们防止虎头蛇尾,以免功亏一篑。还可向他们表明,课堂教学评分要看发展,要多鼓励他们发扬坚持不懈的精神,取得课堂教学实习的圆满成功。

第五节　中学生物课外活动教学实习

中学生物课外活动是生物课堂教学活动的延伸,是提高中学生素质的重要手段,是集知识延伸、思维发展、能力锻炼为一体的重要课程。中学生物课外活动的开展既要服从中学生物教育目标,又要包含下列各项具体目标:

(1)培养动手操作能力;

(2)培养观察力、注意力、记忆力、思维能力和创造能力;

(3)培养合作、竞争意识;

(4)培养关心集体、团结互助的社会公德意识;

(5)培养自尊、自信、自立、自强的优秀品质;

(6)培养自学能力及资料检索处理能力;

(7)激发学习生物学兴趣,培养学习生物学情感。

一、中学生物课外活动的构建原则

根据中学生物课外活动的特点,构建中学生物课外活动,必须遵循以下原则:

(1)生物课外活动与学科课程内容互补原则;

(2)全面发展与个性培养相统一原则;

（3）自主性和主导性相结合原则；

（4）规定性与创造性相结合原则；

（5）实效性和因地制宜原则；

（6）趣味性和多样性原则。

二、中学生物课外活动的现状

近几年来,中学生物课外活动课程的设置受到教育部门及部分学校的高度重视,但目前许多中学生物课外活动不同程度地偏离了课外活动的构建原则,存在以下不容忽视的问题：

1. 组织上的自发性

生物课外活动虽然强调自愿参加,但总要依赖于一定的组织形式,以保证课外活动的正常开展。目前,部分中学生物课外活动仍处于自发状态,无牵头的组织者、无组织发展的有关程序、无严格的组织纪律、无检查评估的组织部门。这样自发的组织是不稳定、不长久的。

2. 内容上的随意性

中学生物课外活动的内容应根据中学生物学科的培养目标,考虑到与教材的衔接,体现有序性。有些学校或生物教师在生物课外活动内容的安排上随心所欲,既没有通盘考虑课程体系,又没有精心设计活动方案,也不参照相应的活动课教材,使活动具有很大的盲目性,收不到应有的活动效果。

3. 形式上的单调性

目前,部分中学开展生物课外活动时,忽视了学生的兴趣、爱好的差异,搞简单的一刀切、"大呼隆"的群体性活动,没有指定有专长的教师作指导。久而久之,把本来有兴趣的学生培养成无兴趣的人,抑制了学生个性的发展,有特长的学生得不到及时发现和接受相应的培养。

4. 开展活动的不经常性

由于活动经费、活动场地设施、活动时间等诸多因素的限制,中学生物课外活动的开展往往不能持续正常进行,前后脱节,缺乏连续性、递进性。

三、中学生物课外活动的指导

针对中学生物课外活动存在的问题,中学生物课外活动的开展要以其构建原则为指导,结合学科特点,反复实践,在总结经验的基础上有序进行。

1.健全课外活动的组织结构

开展中学生物课外活动必须由任课教师、班主任组成健全的管理系统。聘请有专长的生物教师作为指导教师,选拔对生物学有兴趣的学生组成活动集体。制订明确的活动计划,包括活动课题、内容、目的、要求、时间、参加人数、活动形式等,做到有的放矢。从实际出发,因地制宜地设计好每一个活动方案,既能使学生在活动中学到技能,又能在一定程度上使活动为当地的经济建设服务。例如,开展食用菌种植生物课外活动,不仅可以解决学校的经费问题,还可以使农民脱贫致富。

2.制定科学合理的课外活动方案

中学生物课外活动是学生在教师指导下的一种科技活动,优秀的活动方案是学生活动成功的重要前提。在活动中教师应创造条件,引导学生参与一些活动方案的设计,倡导参与意识,把握好学生参与的契机,体现自主性和主导性原则。例如:"空中绿化调查"的生物课外活动的设计方案如表3-3。

表3-3 XXX城市空中绿化调查方案

活动进程	教师行为	学生行为
空中绿化对城市建设的影响 我市空中绿化的程度 空中绿化对各行业的影响	交代活动目标	明确活动目标
空中绿化的类型有哪些 我市空中绿化的程度怎样 空中绿化对交通、旅游有何影响 制约空中绿化的因素有哪些	提出问题 引导思考	积极思考 勇于探究
调查居民阳台的绿化 调查马路的栏杆绿化 调查建筑物的屋顶绿化	组织调查 激发动机	亲自实践 动手操作

续表

活动进程	教师行为	学生行为
我市居民阳台绿化率不足10% 马路栏杆、屋顶的绿化率近为零 我市空中绿化还存在着许多问题	总结讨论 解疑释疑	讨论辨析 质疑问难
国内外城市绿化情况 影响环境的因素	引发联想 促进迁移	积极想象 举一反三
提交调查报告或 撰写科研论文	评价分析	自我检测

3. 设计丰富多彩的课外活动内容

(1)参观考察活动。结合当地的实际,组织学生参观花卉种植基地、自然博物馆、生物标本馆、污水处理厂、环境检测中心等,观看科普电影和录像。参观考察过程中请有关技术人员现场讲解,参观后组织学生谈收获、写体会,教师作总结。

(2)实验探究活动。根据学校现有的实验条件,在教师的指导下开展一些课外实验活动,让学生独立思考、主动探究、亲自实践、动手操作。如:"菊花的组织培养""食用菌栽培""蚯蚓的人工饲养""菜籽油的提取"等。

(3)研究讨论活动。在生物课外活动中,教师可以组织学生就有兴趣的问题展开讨论,如环境污染、物种调查、绿色食品水产、转基因食品的安全性等,也可就某些重大工程建设对地方经济的促进作用和可能对环境产生的负面作用开展讨论。讨论中,注意营造自由商讨的气氛,使学生敢于大胆表述,注重培养学生的说理能力,加强语言规范表达的训练,并渗透环境教育。

(4)撰写科研小论文。根据学生的年龄、认知水平,教师布置一些"小课题"或让学生自己选题,进行科研小论文的撰写,以提高学生的科技写作能力。题材可以是学习心得与体会,如:"怎样使黄瓜多结果""怎样使母鸡多下蛋"等;也可以是日常生活及生产实际的经验与总结,如:"蚯蚓的人工饲养研究""家乡药用植物资源调查""外来物种入侵的危害调查"等。小论文收齐后,组织师生评审组,从科学性、创造性、应用性对科研小论文进行评审,给予优秀者一定的奖励。

四、中学生物课外活动的评价

评比表彰是推动中学生物课外活动健康开展的重要措施。课外活动的评价应形式多样,可采用自我报告、角色表演、出小报、成果展览等方式,也可以组织知识竞赛、演讲比赛、论文评比,还可以就课外活动开展的方式、方法提出自己的见解,评选优秀活动方案等。

每学期,学校评选出优秀作品和设计方案,向有关报刊推荐或参加上级部门举办的比赛;每学年,学校教科室统计学生的成果,存档并表彰。各班级在评选先进个人时将课外活动参与及获奖情况作为评优条件。有了这些有效的评价机制,一定会使得中学生物课外活动的开展步入良性发展的轨道。

第六节　中学班主任工作实习

班主任工作实习是教育实习的重要内容之一,它不仅能锻炼实习生独立从事班级工作的能力,学会班级管理和学生教育的工作方法,而且可进一步熟悉工作对象,领会教师工作的神圣意义,进而热爱教育事业,巩固专业思想。因此,班主任工作实习对提高师范生的素质和工作能力至关重要。高师院校学生必须从思想上认识班主任工作的重要性、班主任工作的职责和内容,学会班主任工作的常规方法,以及怎样利用学科优势开展班主任工作等。

一、中学班主任工作实习的重要性和内容

要搞好班主任工作实习,必须明确班主任工作的意义与任务、班主任工作实习的必要性以及实习班主任的工作内容和要求等。

(一)班主任工作的意义与任务

古今中外,学校总是集中培养人才的地方。自 15 世纪捷克教育家夸美

纽斯创立班级授课制度以来,班级一直是学校对学生进行教学与教育工作的基层组织,全面负责对学生进行德、智、体、美、劳的教育。班主任正是这个基层组织的直接教育者、组织者和领导者,起着核心作用。因此,班主任是学校对班级实行教导工作的骨干,是学校领导的得力助手,是联系本班任课教师的纽带,是协调学校各种教育力量的枢纽。总之,班主任工作是在党的教育方针的指引下,在学校党政的领导下,在工作团队和任课教师的合作下,全面开展学生的教导工作。

班主任的基本任务是:坚定、全面地贯彻执行党的教育方针,组织教育学生努力使班级成为一个团结友爱坚强的集体;遵照学校总体教导工作要求,协调本班的教导工作,使之成为全校总体教导工作的有机环节;全面关怀学生的成长,从思想品德、学习、劳动、生活诸方面,促进学生德、智、体、美、劳全面发展;把学生培养成为有理想、有道德、有文化、有纪律的一代新人。

班主任工作的具体要求如下:

1. 对学生进行思想品德教育,培育社会主义建设接班人

班主任要通过各种途径教育学生树立坚定正确的政治方向,爱祖国、爱人民、爱科学、爱劳动,树立崇高的奋斗理想,养成高尚的道德品质和行为习惯。

2. 调动学生的学习积极性,提高学习质量

学生应该以学为主,把主要精力放在学习上。班主任要配合任课教师不断对学生进行学习目的教育,端正学习态度,激发求知欲望,培养顽强的学习意志;要指导、帮助学生培养良好的学习习惯和学习方法。使广大学生好学、会学、学好,不断提高各门学科的学习成绩。

3. 组织参加各种活动,促进学生健康发展

班主任要组织开展各种积极健康的文体和社会实践活动,使学生置身于社会和集体的环境之中,培养学生集体主义的情感和社会责任心,使学生初步认识自身的社会价值和社会对自己的要求,提高适应现代社会生活、生存和处理人际关系的能力,促进学生身心健康发展。

4. 协调各方面的教育力量,共同教育学生

各方面的教育力量包括任课教师、团队、家庭、社会及校外教育机构。

班主任应协调好这些力量,使之在课内、课外、校内、校外都能统一要求,共同教育好学生。

总之,班主任不仅应该教育学生好学、会学、学好,而且要教育学生学会为人处世之道,做遵规守法、符合社会规范的社会主义新人。

(二)班主任工作实习的意义

1. 是培养各级各类学校合格教师的需要

师范院校的任务是通过有特色的师范教育为社会输送各级各类学校合格的教师。合格的教师除了为人师表和德才方面的普遍要求外,还要具备两方面的基本能力:一是要有精炼的学科教学工作能力,二是要有熟练的学生教导工作能力。其中,熟练的学生教导工作能力是班主任工作能力的主要方面。一个能适应中学需要的教师不仅要求有扎实的专业知识和教育科学方面的知识,即会教书,而且要求善于与学生沟通,塑造学生的心灵,即会育人。教书育人是教师的两项基本职能。因此,班主任工作能力的培养是师范教育的重要方面,师范生就必须有班主任工作实习的实践环节。

调查发现,不少师范毕业生存在的主要缺陷之一就是对班主任工作的重要性认识不足。他们怕烦怕苦不愿当班主任,或者是消极地服从领导安排勉强当班主任,因而工作中缺乏热情和责任心;少数师范毕业生虽愿当班主任,但往往感到力不从心,一筹莫展,不会当班主任。鉴于上述实际,加强班主任工作实习,提高师范生对班主任工作意义的认识,提高班主任工作的能力,是十分必要的。

2. 是培养班主任工作新生力量的需要

从目前中学班主任队伍的现状看,加强师范生的班主任工作实习也是十分必要的。一项对某地 34 所中学的 477 名班主任的调查发现:36~50 岁年龄段的班主任占了 76.7% ,而 35 岁以下的班主任仅占 18.7% 。十年后,目前担任班主任工作的教师有 13.2% 要退休,届时 50 岁以上的班主任将占 44.6% ,36~50 岁年龄段的将占 43% ,两者总计将占 87.6% 。可见,培养班主任工作的新生力量是迫在眉睫的大事。培养和充实班主任工作的队伍,必须从加强师范生的班主任工作实习开始。

3. 是加强中学生物教学的需要

生物虽是中学的一门基础课,但在中学一般不受重视,生物教师担任班主任的比例更少。随着教育改革的深入,教育观念的转变,各科教师都应在胜任本学科的教学外,胜任班主任工作。鉴于此,高师生物科学(师范)专业学生也应十分重视班主任工作的实习。

(三)班主任工作的基本内容

根据教育部门对班主任工作要求的精神,总结广大班主任的工作实践,班主任工作的范围和内容大致表现在以下几个方面:

1. 制订工作计划和总结

班主任要根据学校的总体计划和要求,在学期初制订出班级教导工作计划和具体安排。计划的基本内容应包括:指导思想和基本任务、思想教育、学习、生活、课(校)外活动指导、团队工作、家庭工作等诸方面。学期结束时要写出书面总结并向领导汇报。

2. 了解和研究学生

班主任既要了解和研究班集体的情况,又要了解和研究个别学生的情况。前者包括:班集体的特点及形成情况、全班学生的思想状况和精神面貌等。后者包括:每个学生的基本情况及重点学生的情况等。这些都是教育学生的基础及组织班集体活动的前提,要做好有关的记载及存档工作。

3. 对学生进行思想品德教育

班主任要经常分析班级情况,根据学校的要求和工作计划,适时召开主题班会,对学生进行思想教育和品德教育。这些教育包括:公民基本道德教育,三热爱教育,理想信念教育,唯物主义的世界观、人生观及价值观的教育,法制教育,环境教育等。

4. 帮助学生全面提高学习成绩

班主任要贯彻教学为主的精神,充分调动学生的学习积极性,培养学生的学习能力,发展学生的智力;要建立良好的教学秩序,创造良好的学习环境,树立良好的学风;要经常了解学生的学习情况和意见,平衡各学科的学习量;要帮助学习困难的学生改进学习方法,提高全体学生的学习成绩。

5. 创建团结奋进的班集体

班主任要通过各种手段和各项活动把全体学生组织起来;要发现和培养学生中的积极分子组成有权威性的班级领导核心;要树立正确的集体舆

论,培养集体的行为规范,以形成一个有明确的共同目标、团结友爱、积极上进的有凝聚力的班集体。

6. 对学生进行个别教育

班主任除了要对全班学生进行集体教育外,还要注意对个别学生的教育,包括:对优秀生及骨干的教育和对后进生的教育。前者是为了保持优秀生的先进性,使之能成为班级的核心和带头人;后者是为了做好转化工作。此外,还应做好对女生的特殊教育工作。

7. 组织指导课(校)外教育活动

班主任要根据学生的年龄特点和爱好,组织和指导学生参加积极健康的课外、校外活动,包括:生产劳动、科技活动、思想品德教育活动、艺术活动和体育活动等,为国家建设培养全面发展的合格人才。

8. 协调各方面的教育力量

班主任要加强和任课教师的协作,互相配合,步调一致地对学生进行教育;要采取多种形式与家长保持联系,使学校教育与家庭教育保持一致;要指导团队开展工作,使团队工作和班级整体工作保持一致,以取得最佳的教育效果。

9. 完善班级管理规章制度

班主任要根据学校的总体要求和班级实际,制定各项科学有效的班级管理规章制度,对班级实行制度化和规范化的管理。如《学生守则》及其细则的实施落实、两操的组织保证、期末进行操行评定和评先评优活动等,都应制定完善的规章制度和实施细则,并严格执行。

10. 及时处理各类偶发事件

班主任工作中,常会发生各种预想不到的偶发事件,班主任除了要有充分预见外,还应果断、及时、恰当地处理好各类偶发事件,维持正常的教学秩序。

(四) 实习班主任的工作内容

由于实习时间较短,实习班主任要在原班主任的指导下开展工作,独立性有一定的限制。因此,实习班主任的工作内容不可能像原班主任那样全面,主要工作内容如下:

1. 制订班主任实习工作计划

实习生进入实习学校后,要在原班主任工作计划的基础上制订出实习班主任工作计划,并经原班主任同意后执行。计划的内容可参照前述项目。

2. 开展班级日常管理

实习生要坚持天天下班级,及时进行班级小结、讲评;要组织管理学生的早读课、自习课,督促学生做好三操(早操、课间操、眼保健操);要及时掌握学生的出勤情况,批阅班级日志等。

3. 召开主题班会和组织班级活动

实习班主任要主持每周的校会活动,在实习期间应有计划地召开一次主题班会。前者有时是学校统一安排的,有时是根据本班的实际需要而开展的,实习班主任应积极组织,并结合本班实际开展学生教育活动;后者是实习班主任经过周密计划并充分准备而进行的主题教育活动,它往往可考察实习生的组织工作能力,实习生应重点准备。

4. 适时开展个别谈心活动

实习班主任要尽可能地广泛接触学生,开展谈心活动,以了解学生的思想动态、学习需求和生活习惯。谈心要有重点,不能平均使用力量。实习一开始,实习班主任就要选定两名重点了解对象(最好是两头的学生),以便在实习期间对他们开展有针对性的谈心教育。实习结束时,要写出对这两名学生的评价材料,从而学会写学生评语的方法。此外,还应对班上的个别重点学生进行个别教育。

5. 召开班级干部会议

实习班主任在实习期间要召开1~2次班级干部会议,以了解班级情况,商讨并实施实习班主任的工作计划,依靠班干做好班级管理工作。

6. 协助原班主任进行家访

适时与家长取得联系,是班主任工作的重要内容之一。实习班主任的家访应纳入原班主任的工作计划,在原班主任的指导下进行,要保持与原班主任的家访计划协调一致。

7. 处理班级的偶发事件

实习班主任要注意培养自己的独立工作能力,要大胆地独立处理班上的偶发事件,在处理后要及时向原班主任报告。

二、中学班主任工作实习的步骤和方法

明确了班主任工作实习的意义和目的,意味着有了班主任实习工作的动力和方向。要做好班主任实习工作,还必须明确班主任工作实习的步骤和方法。

(一)班主任工作实习的阶段和步骤

根据教育实习计划安排,班主任工作实习可分为见习、实习和总结三个阶段。以实习时间六周为例,班主任工作实习阶段和步骤如下(若是为期三个月的顶岗实习,则可相应调整):

1.见习阶段

见习阶段是班主任工作实习的基础阶段,实习生要尽早进入"角色",主动下班级。除做到"六到"(早操、早读、课间操、眼保健操、自习课、文体活动)外,还应抓紧课间、中午、放学后等一切可能接触学生的机会。要尽快熟悉本班的学生,能叫出他们的名字,尽快和他们建立起友谊和感情,扫除障碍,争取学生对教学工作和教导工作的支持。此阶段仍以原班主任的工作为主,实习生要听取原班主任对班级情况的介绍,了解班级的基本情况,包括:每个学生的思想品德、学习成绩、身体情况、兴趣爱好、才能特长、性格特征、成长经历、家庭生活环境等,班集体的德、智、体情况,班集体的建设情况、骨干队伍情况、班风班貌、不良倾向,以及班级的规章制度等;要了解原班主任的工作特色和风格,以便在自己的工作中与之协调,使班主任实习工作具有延续性。还要了解班主任日常工作的基本内容和要求,以便能主动地工作,减少盲目性。在此基础上,实习生要在实习第一周内拟定出实习班主任工作计划要点,交原班主任审批后执行。班主任实习工作计划的内容包括:引言(实习学校、原班主任的姓名、实习时间、同组实习生及分工)、基本情况(班级人数、男女比例、学生构成、年龄状况、班级特点等)、主要任务及工作安排等。

2.实习阶段

实习阶段是班主任工作实习的主体阶段,实习班主任要在见习的基础

上,在原班主任的指导下,相对独立地开展班主任工作。要执行见习时拟定的工作计划,除主持班级的日常管理工作外,还要独立筹备、主持和召开一次主题班会,编辑一期班刊,重点做一至两名学生的思想转化工作和对个别学生进行个别教育和家访等。

组织主题班会是此阶段工作的重点内容之一,主题班会的主要内容有:理想前途教育、道德品质教育、纪律教育、劳动教育、学习目的教育等。组织主题班会应注意适合学生的年龄特征、班级特点,采取青少年学生乐于接受的形式进行。实习班主任要善于动脑,发挥创造性,开好主题班会。如有位实习班主任精心设计了一次"名字、期望、理想"的主题班会就很有新意:鉴于目前的学生多为独生子女,家长在给孩子起名时往往寄托了愿望,许多学生并不解其意。实习班主任要求学生询问家长,调查当年起名的过程和内涵,理解长辈的苦心和愿望,并由此畅谈自己的理想。班会采用由小记者采访的形式结合文艺表演的形式进行,取得了很好的教育效果。组织主题班会时可同时组织主题班刊、团(队)刊,作为舆论配合。

实习班主任要学会家访的本领。由于实习时间的限制,家访可结合重点学生的个别教育有针对性地进行。家访的内容有:了解学生的家庭及经济生活状况、家长的教育态度和方法、学生在家庭的表现和生活习惯、向家长报告学生的在校表现和校方的要求、介绍班级的情况、与家长共同研究教育学生的办法、征求家长对学校和教师的要求、要求家长配合学校对学生进行思想教育和学习辅导等。

3. 总结阶段

在班主任实习总结阶段,实习班主任要对两名计划中重点了解的对象写出评语交原班主任审评,要检查班主任工作实习计划的完成情况,要总结班主任工作实习的收获体会,要写出班主任实习的专题小结以进一步巩固专业思想。

(二)班主任工作实习的原则和方法

1. 班主任工作实习的原则

广大班主任在大量的实践经验中总结出一套行之有效的班主任工作原则,反映了班主任工作的客观规律性。只有遵循这些原则,才能将班主任实习工作做好。

（1）突出思想品德教育的原则。班主任要对学生全面负责，实施全面发展的教育，必须正确处理好思想品德教育与智育、体育、美育、劳动教育等的关系，在思想品德教育领先的前提下促进学生的全面发展。

创造良好的师生关系，是突出思想品德教育的有效途径。在师生和谐的前提下，坚持正面教育与表扬为主、批评为辅，坚持细心疏导、耐心说服、摆事实、讲道理、以理服人，面向全体学生，进行全面发展的教育。

（2）强化班集体教育的原则。班主任要善于组织和培养班集体，养成良好的班风，营造团结和谐的集体氛围，以便依靠集体力量去教育每一个学生。同时，要注意在进行个别教育的过程中促进集体的形成和巩固发展，使两者有机地结合起来。但是，工作的重点应该是组织和培养班集体。在集体活动中要注意发挥学生个人的作用和特长，使人人关心集体，把集体的发展和个人的发展结合起来。

（3）注重自我教育的原则。班主任要善于启发、引导学生的自我意识，充分调动其内因，使之能独立地进行自我教育，真正达到教育的目的。既要注意调动学生自我教育的积极性、主动性，又要注意培养学生自我教育的能力，如：自我认识、自我体验、自我控制和自我行动，即自我的知、情、意、行的综合能力。特级教师、模范班主任魏书生认为："人具有了自我教育能力，就有了自我调整的能力……就能使自己始终站在人民的立场上去迎接困难，永远带着开朗乐观的情绪奔向明天……"

（4）理论与实践相结合的教育原则。班主任要注意处理理论教育和实践活动的关系，在提高理论认识的基础上，通过实践活动使学生受到锻炼。理论提高是对学生进行全面素质教育的基本要求，实践活动则是实现由知到行转化的关键，只有两者有机结合起来才是行之有效的，才符合培养人才的根本要求。因此，要注意课堂学习和课外学习相结合，把读书和实践、思想教育和实际行动统一起来。

（5）"教"与"管"相统一的原则。"教"主要是指思想品德教育，是育人的根本；"管"主要是指制定、执行有关的规章制度，进行操行评定，评选"三好学生"等一系列的管理措施。两者都是为了育人，但前者是处于主导地位的，有成效的班主任工作要使两者统一起来。"教不严，师之惰"，严格管理体现了班主任的责任感和负责精神,会对学生起到潜移默化的影响,起到榜样的作用。没有严格的要求就没有教育。因此,班主任既要积极引导,启发自觉,又要严格管理,贯彻教与管相统一的原则。

(6)可接受性原则。班主任工作要从学生的实际出发,有的放矢地提出要求,采用学生可接受的形式进行教育,切忌工作中的简单化、说教化、成人化。要注意学生的年龄特征和个别特点,还要注意了解学生现实的思想状况、学习实际,使工作更有针对性,切忌主观臆想。只有这样,班主任工作才能被学生接受。

(7)一致性原则。班主任要协调学校教育、家庭教育和社会教育的各方面力量,使之产生一致性的教育影响。在这些教育中,学校教育是起着主要作用的,班主任首先要统一好校内各种教育力量,其次要统一家庭与社会各方面的教育力量,统一认识,统一要求,采取共同的教育措施,实施一致的教育行动。

2. 班主任实习工作的方法

为了保证班主任实习工作确有成效,还必须十分注意工作方法。实习班主任的工作方法如下:

(1)调查。调查是开展工作的前提和基础。实习班主任可通过听原班主任介绍、开干部会、查看档案、开座谈会等途径进行有关调查,既可了解学生个人的思想品质、学习成绩、身体状况、兴趣爱好、技能特长、性格特征、家庭环境、成长经历等,也可了解班级整体素质、班集体的建设、干部队伍及班级风貌等。

(2)说服教育。说服教育是实习班主任经常采用的基本方法,可分为语言说服和事实说服两类。语言说服又有口头说服和书面说服两种形式。其中,谈话法又是班主任了解、教育学生的基本方法。对集体进行谈话教育要先拟提纲,做到条理清楚,言简意赅;对个人进行谈话要亲切、诚恳,循循善诱,针对性要强,说理要充分。

(3)行为训练。行为训练可把认识转化为道德行为,培养良好的行为习惯。行为训练的内容是根据《学生守则》和"五讲四美三热爱"的要求制定的,可通过讲解、讨论、榜样示范、正面引导、评比竞赛等方法进行。

(4)组织活动。组织学生参加多种多样的课外、校外活动,使他们接触社会、接触实际,经受各方面的锻炼,这是班主任组织班集体,教育学生的重要方法之一。

(5)树立榜样。榜样的力量是无穷的。班主任可用英雄人物的言行去影响学生的意识、情感和行为,要善于运用学生身边的先进人物和事件,大力宣传,使学生受到鲜活的教育。

此外,以美育的手段对学生进行情感的陶冶,组织各类评比竞赛,进行适当的奖惩等也是实习班主任常用的方法。无论是奖还是惩,目的全在于教育。要以奖为主,尽量少用惩,绝不能运用任何体罚和变相体罚的方法。

三、中学生物实习班主任工作的特点

根据生物科学的专业特点,生物科学(师范)专业实习生班主任实习工作的基本特点如下:

(一)生物教师担任班主任的学科优势

尽管生物课课时少,有班主任工作的不利一面,但结合生物科学的特点,在班主任工作方面也有其独特的优势,主要如下:

1.思想品德教育方面的优势

思想品德教育领先是班主任工作的首要原则。生物教师当班主任可以利用生物科学在思想品德教育方面的独特教育价值,贯彻这一原则,深入浅出地进行思想品德教育。

寓德育于智育之中,使思想品德教育具有很大的说服力和感染力。生物科学在思想品德教育方面独特的教育价值在于:可引导学生以辩证唯物主义的观点认识生态环境各要素之间的联系,认识人类活动和生态环境之间的关系,从而认识世界,认识自然,树立正确的资源观、人口观、环境观和协调人地关系的观点;可使学生了解我们的乡情、国情、基本国策和社会主义建设的成就,增强爱家乡、爱祖国的感情和建设家乡、振兴中华的责任感,以增强民族自尊心、自豪感、自信心和改革开放的意识,树立自力更生、艰苦奋斗建设具有中国特色社会主义现代化强国的志向和责任感;可了解世界各国的政治、经济特点,增强与各国人民的友谊和交往,增强开放和改革的观念,培养无产阶级的国际主义精神,学会通过分析对比,了解社会主义制度的优越性,激发学生的民族自豪感和爱国主义热情。

生物教师担任班主任对学生进行思想品德教育的途径,除了利用课堂教学之外,还可通过组织生物课外活动的形式进行。丰富多彩的活动不仅有利于扩大学生的知识领域,发展学生的兴趣、爱好和智慧才能,而且有利于培养学生的共产主义思想品德和意志品质,有利于班集体的形成。生物课外活动的内容很多,不仅可以开展专门性的学科科技活动,而且可以以大自然和社会为课堂,适应青少年好动的特点,开展喜闻乐见的活动,如:春游、参观农业生态园和动植物园等。在这些活动中,生物教师当班主任是大有可为的。

教师的个性、立场、观点、思想感情对学生有着巨大的感染力和潜移默化的作用,对学生思想品德教育的效果和质量有重大影响。因此,利用生物科学的优势进行思想品德教育,教师必须具有深厚的感情、崇高的爱国主义热忱、国际主义精神以及鲜明的爱憎是非观念。否则,无论多好的材料,教育效果也是不会显著的。

2.提高教学质量方面的学科优势

中学生物课是一门既涉及自然科学又涉及社会科学的基础课,两重性的特点有利于加强与中学文理各科的密切联系,十分有利于班主任做协调各学科学习的工作。

青少年好奇,求知欲强,对自然、社会的许多事情都爱寻根问底。生物科学的特点决定了生物教师的知识面较宽,生物教师和学生之间有较多的共同语言,既有利于增进师生间的感情,又有利于拓宽学生的知识领域,提高学习质量。

生物科学涉及中学的数学、物理、化学、政治、历史、地理、音乐、体育、美术及语文等各学科的知识,容易与各学科建立起沟通和联系。生物教师任班主任,容易了解学生各学科的学习情况,并可在一定程度上辅导一些学科的学习;可帮助学生构建知识网络,增强学生掌握知识的灵活性,改变知识分割、孤立、难学、易忘的境况,互相促进,共同提高。因此,生物教师担任班主任容易协调各学科的任课教师,共同配合,步调一致地教育学生,全面提高学习的质量。

3.理论与实践相结合的优势

生物科学是一门实践性很强的基础学科,在很多方面可直接或间接地为生产建设服务。因此,必然要贯彻理论和实践相结合的原则,这也正是班主任工作的基本原则之一。生物教师担任班主任就可利用这种学科优势,组织学生把生物知识应用到实践中去。如:组织学生支农可利用地理知识作野外定向,利用栽培知识分析农事,利用土壤知识、植物知识、动物知识、生态知识等保护生态环境等,把所学的生物知识与生产、生活的实际结合起来。

(二)实习班主任工作的特点

明确实习班主任工作的特点,对顺利完成班主任工作实习会起到积极的作用。实习班主任工作的特点如下:

1.实习班主任工作的一般特点

实习生特定的地位和特殊的条件,使得实习班主任工作具有以下特点:

(1)工作热情高。实习班主任从长期以来的学生身份一跃而为老师,往往希望自己能胜任工作且工作出色,尤其当受到学生的尊重和信任时更为兴奋。因此,实习班主任对工作不仅表现出好奇感,而且表现出热情高而有自觉性的特点。

(2)师生矛盾小。由于实习班主任工作热情高,与学生接触多,且由于师生间年龄较接近,因而较容易与学生沟通,易受到学生的亲近和欢迎。中学生一般愿意把实习班主任当做自己的大哥哥、大姐姐和知心朋友。由于师生矛盾小,实习班主任的教学和教导工作往往容易得到本班同学的支持。

(3)临时性的局限。虽然有的学校为加强教育实习,正计划实施为期一学期的"顶班上岗"实习制,但大多数院校实习时间一般仅为6~8周。由于时间的短暂,使班主任工作实习不可能很全面地展开,也难以深入地了解学生,因而不可能制订出长期的班主任工作计划,工作成效也不容易很快看到,容易滋长学生对实习班主任的临时性看法。

(4)权威性差。实习班主任要在原班主任指导下开展工作,不能摆脱原班主任的做法而另搞一套;由于实习时间短,有的原班主任也有因不放心而不放手的情况;加之学生干部长期习惯于原班主任的工作程序,实习班主任遇事常要请示汇报。因此,实习班主任往往不能完全地负责任,因而必然存在权威性差的特点。

(5)应变能力弱。实习班主任正处在由学生向教师的转变阶段,实践经验少,往往不了解中学的实际,不熟悉中学的一整套管理制度,常常表现出工作不知从何入手,不清楚中学的实际需求,如:遇到一些突发事件,不会沉着处理,办法少,表现为临场应变能力弱。

2. 生物实习生担任班主任的工作特点

生物实习生担任班主任除了具有实习班主任的一般特点外,由于学科的特殊性,还具有如下特点:

(1)知识面广,容易接近同学。通过一段时期的接触,学生往往会发现:生物实习班主任的知识面广。有的学生会拿其他学科的知识"考"老师,有的会提日常生活中的生物问题"难"老师。生物实习教师当班主任往往能辅导一些其他学科学习,又能天南地北地和学生交谈,容易接近学生,改变对生物实习班主任的看法。

(2)善于开展课外活动,易受学生欢迎。生物课外活动的内容相当丰富,诸如养殖、栽培、环境、绿化、农业生产研究等课外小组都能引起学生较大的兴趣。生物实习教师当班主任一般善于开展这些活动,尤其是能得心应手地开展一些郊游活动,更会受到学生的欢迎。

(3)思想教育自然,学生容易接受。生物实习班主任可以充分利用生物科学的思想教育因素进行思想品德教育,如:爱国主义、国际主义、辩证唯物主义、人生观、道德品质的教育等。这些教育十分自然而扎实,不致形成空洞的说教,具有吸引力和说服力,易被学生接受。

(4)课时少,不利于在课堂上了解学生。生物课一般每周仅有 2~3 学时,实习班主任通过课堂接触学生的机会少,不利于了解学生。但是,生物实习班主任的备课负担相对较轻,故应利用平时时间多接触学生,以弥补课时少的不足。

(三)开展有特色的班级活动

生物科学有着独特的学科优势,实习班主任在班级工作中应充分利用这些学科优势,开展有特色的班级活动,主要可开展的特色活动如下:

1.结合所在地区的乡土资源,开展野外调查及考察活动

学生对所在地区的乡土资源较为熟悉,但了解不透,加之青少年生性好动,生物实习班主任可结合生物第二课堂,确立专题,组织班级进行调查、考察活动,为有关部门献计献策,做乡土的小主人。如:开展环境现状调查、生物资源的开发利用调查、人口调查等,这些活动可使学生较深刻地了解乡土资源,树立热爱家乡、建设家乡的社会责任感。

2.结合旅游实践,开展旅游见闻交流活动

随着人们生活水平的提高,旅游已成为现代生活的重要活动之一。每年寒暑假总有不少学生或随家长,或相邀结伴外出旅游。开学后,生物实习班主任可组织旅游见闻交流活动,相互补充,扩大眼界,让广大同学分享旅游带来的欢快,领略祖国的江山如此多娇,从而进行爱国主义教育。

3.结合读书观感,举行生物信息趣闻发布会

青少年好奇心强,通过各种渠道(如人与自然、动物世界、世界之最等)可获取许多新的生物信息。生物实习班主任可定期组织读书报告会、生物知识讲座、生物模拟晚会等,激起学生的求知欲,拓宽学生的知识面。

4.寓教于乐,组织生物知识竞赛

青少年活泼好动,争强好胜。生物实习班主任组织生物学科竞赛活动,如:生物拼图、生物灯谜、生物知识竞赛等,寓教于乐。

5.结合时事形势,开展宣传活动

宣传活动有的是科普性的,有的是政治性的;有的可用图像、板报等文字宣传,有的可用专题讲座等语言形式宣传。生物实习班主任要善于抓住时机,适时地进行宣传。如:结合外来物种入侵进行环境保护知识与生态安全宣传等。

第七节　中学生物教育研究实习

近年来,国家教委要求加强教育实习中的教育研究工作,使其成绩占教育实习总成绩的1/5。在生物教学实习和班主任工作实习中开展教育研究工作,不但能及时自觉地调控教育实习进程,而且能获得一些有益于中学生物教育和高师院校生物科学办学的初步成果,锻炼实习生的教育研究能力。生物教育实习中的教研工作范畴可以扩大到一般中学的整个教育领域,即不限于生物学科,但应以生物学科为主。教研工作的过程包括实习前期和中期的研究工作、实习后期的整理总结和回校后的交流总结。实习指导教师不但要指导实习生搞好教育研究,而且自己也要开展有利于高师院校生物科学办学和改进生物教育实习工作的教研工作。

生物教育实习中教研工作的主要方式是生物教育调查。虽然教育实习时间短暂,但开展有限的调查和实验可以增强实习生实习的主动性和提高教育实习质量。由于实习班级面广,可以获得超过本次实习范畴的收益,并使实习生初步了解教研的意义和方法。

生物教育调查由于其研究范围广,不受时空限制,可以分别或综合采用不同的收集资料手段,比自然观察多、快而省,比实验客观、自然而简便,是教育实习中最常用的教研方式,尤其适用于心理活动(如考试错误的思路原因)、非智力因素(如学习动机和兴趣)、外部环境因素(如中学领导、家长对生物学科的态度)、长期因素(如生物学习动机的年龄差异等)的研究。

一、中学生物教育调查的类型

生物教育实习中,可以开展的教育调查类型按目的来分有以下几种:

1. 相关度调查

调查生物教育中同时存在的两种现象之间的相关程度。如:学生的生物学习兴趣、对生物教师的情感与生物学习成绩的关系等,应以相关图或相关数来显示相关程度。

2. 因果关系调查

调查生物教育中某种现象的成因。如:学生学习动物成绩不如学习植物成绩的原因调查,可以分别调查存在与不存在该现象的学生,找出这两类学生在学习不同生物知识的显著差别的可能原因,要注意原因可能出自教与学两方面。

3. 教育现状调查

调查生物教育的各种现状。如:生物的地位、学生学习生物的态度和水平、新任教的生物毕业生的专业思想和业务素质等。调查时要注意共性与个性的相结合,有些项目只能由实习带队教师调查。

4. 发展状况调查

调查不同年级生物教育的差异。如:高中与初中生物学习目的和积极性的差异等。由于实习时间短,不能长期跟踪调查,因而可同时调查不同年级。调查时要注意排除环境因素。

二、中学生物教育调查的方法

教育实习中,可根据调查目的选择合适的调查方法。为了兼顾点和面、现象和原因、定性和定量,为了在短时间内提高调查效益,往往兼用几种调查方法。常用调查方法如下:

1. 问卷法

为了短时间内广泛收集全体调查对象的较为真实而系统的看法,可以发出调查问卷,请调查对象按题作答。此法关键在于编制好调查问卷。调查问卷题型如下:

(1)选择题。用于调查比较性的看法。列出若干供选择的答案,可以选择其中的一个或多个,选择多个的还可以排序。除了所列答案外,也可以留有增加其他答案的余地,回答要明确、快速。如:在下列你认可的现象前划"√"。( )老师水平低( )老师不风趣( )老师满堂灌( )讨厌生物老师( )不知怎么学生物( )没有时间复习生物( )家长认为生物不重要( )从来没有生物课外活动( )生物课老排在上午第四节、下午第一节或体育课之后( )生物考试很容易( )生物考试太难( )睡眠不足(其他原因可自列,将所选原因编号,你认为重要的编在前面)。

(2)填充题。用于调查项目预定而答案未知的问题。所填字数较少,可以是填充或填表。如:在表中填上你对生物实习老师的具体看法。

(3)简答题。简答题的答案复杂多样、自由度较大,较复杂的问题应分解为若干小问题。如:上学期你在生物学习中难以理解的主要有哪些方面的问题? 难以记住的主要有哪些方面的问题? 举例说明。

问卷调查应注意以下事项:①尽量使回答出自本意,不要有暗示性,不要导致千篇一律的答案,采用无记名方式,回避调查对象不愿涉及的人和事。②问题要明确、具体、简要、便于回答,尤其是对初中学生不要求复杂的答案,避免回答困难而敷衍了事。③问题的设计要便于统计、对比,尽量列出项目或列成表格。④可先在谈话、测验、观察等过程中发现问题,以供拟定调查题时参考。⑤答卷必须全部收回。

2. 访谈法

为了进行个别研究、个别教育,为了调查初中学生不会书面回答的较为复杂的问题,为了在全面调查的基础上作一些有针对性的深入了解,或者对学校的有关领导、有经验的教师和班主任、学生家长进行系统的采访,可以进行个别访问和交谈。虽然比较花时间,但有的放矢,能当面观察。交谈应注意如下几点:

(1)必须是有目的有必要的。事先要有充分的准备,列出提纲,也可将提纲事先交调查对象准备。提纲的明确性、具体性、详尽性依调查目的而定,有时要严密,有时要笼统,以留给调查对象较多自由度,便于充分发表意见。

(2)尽量使谈话气氛融洽,问话明确,不带倾向性,让调查对象把话讲完。要口问耳听、眼观手记,注意观察调查对象的表情,作为对其所谈内容的辅助判断,根据实际情况灵活调整谈话内容和方式。

(3)找一些表现不良的学生谈话,可以采取突然方式,不使其有对付的思想准备,观察其自然表现。

(4)访谈之后要及时整理出访谈纪要,要保持原意,不要掺入主观臆测。

3. 座谈法

为了了解有关方面对某一问题的意见,为了重点了解某些有代表性的人物的看法,或为兼顾面和点,可召开座谈会。座谈会比逐一访谈省时间。召开座谈会应注意以下事项:

(1)座谈主题要明确,事先列出调查提纲,并可事先发给与会者准备。

(2)邀请的座谈者应具有代表性,应尽量照顾到各有关者和有不同意见者。

(3)座谈者可以互相启发、互相辩论,但要考虑到发言可能受他人影响,或因意见不同而发言偏激。

（4）应安排专人详细客观地做好记录。

（5）访谈和座谈都应考虑到调查对象当面发言可能言不由衷,座谈时发言者可能顾虑更大。

4. 观摩法

百闻不如一见,有时需要观摩某些教育活动。观摩事先要有准备,虽不如观察自然,但比较集中、典型。要调查先进教育经验,除了访谈或座谈外,往往要实地看一看,所得到的收获可能比谈话更多。观摩时注意事项如下:

（1）观摩活动应具有典型性,并尽量避免特别加工准备,排除学生因有人参观而表现异常好的因素。

（2）要认真观察教与学双方的活动、相互反馈。

（3）认真记录典型事例。

（4）事先应充分了解教育活动的内容,并作设想,以便观摩时能与自己的设想比较而突出观摩活动的特点。

5. 文献法

为节省时间和人力,应充分利用有关文件材料。例如,教学计划、报表、会议记录、书面总结、文章、档案材料、统计材料、教案、学生作业、试卷、公开的日记、成绩册、班团队活动计划、课外活动计划、相片、影像资料等。处理文件材料时应注意以下事项:

（1）应在实习中学师生同意之后,尽量搜集和占有材料。

（2）检查材料的真实程度、全面程度。

（3）对材料进行分类整理、摘录、统计,不应走样。

三、中学生物教育调查的内容

生物教育调查的内容十分广泛,不限于生物学科,但应与生物教育有密切的关系。主要内容如下:

1. 学校教育

主要包括:学校的办学方向、培养目标及其贯彻落实情况,中学教学计划和课程设置,中学教育管理和规章制度,学校的思想政治工作系统及其活动,学校发展史、办学特色及发展规划,教书育人经验和教育改革设想,师资结构和生源状况,教学设施建设情况等。

2. 学生状况

主要包括:学生的家庭出身和家庭教育,政治思想水平和道德观、价值观及人生观,生理和心理的年龄特征,各种智力和非智力因素及个别差异,班集体的形成和特色,班干部情况和差生情况等。

3. 生物教育

主要包括:生物教育的功能和地位,生物课程设置和课时安排,生物教学大纲和教科书及其发展和改革,生物教学参考材料和教具,生物教学方法及其改革,生物测验方式及其改革,生物课外活动和兴趣小组的组织,生物园和野外考察基地的建设和选择,生物教师应有的素质,学生学习生物的心理,生物教研活动的开展等。

4. 生物师资需求

主要包括:生物师资结构,学校教育发展和改革对生物师资的需求,生物师资来源,普通中学和职业中学的发展前景,生物科学(师范)专业毕业生的专业思想、德智水平和业务素质,生物科学(师范)专业办学方向与社会需求之间的矛盾,在职生物教师的继续教育办法等。

四、中学生物教育调查的程序

生物教育实习中的生物教育调查应遵循以下程序:

1. 选题和调查计划

选题应有现实意义,在时间和人力上应有可行性。限于实习时间,可以由学校结合毕业论文统一布置选题,由各实习队分工进行。如果是自由选题,则每个人的题目不应求大而应求深。为扩大调查面,各人之间可以互助合作。选题应以生物教学研究、生物教师如何当好班主任以及中学对生物科学(师范)专业毕业生质量的要求为主。调查计划应包括课题与目的、调查对象与范围、调查手段和方法、调查时间安排等。

2. 收集和整理材料

通过各种调查方法广泛收集材料,有些材料应由带队老师出面收集。对收集的资料要进行去粗取精、去伪存真、分类整理、补缺补漏,最后加以统计,绘制成图表。必要时,采用观察法,在自然状态下对调查对象暗中观察,与调查材料相对照,还可以做一些对比实验。

3. 撰写调查报告

调查报告的引言部分主要阐明调查的目的、任务和方法,要求简明扼要。正文部分重点反映调查结果,要求图文并茂,一目了然。结论部分主要根据有关理论对调查结果进行分析,揭露矛盾,提出意见和建议。

附　录

附表1　微格教学评价指标

一级指标	二级指标	三级指标
课堂教学技能	导入技能	趣味性和激发学生积极性 自然性和衔接性 目的性和与新课的相关性 情景性 语言的情感性和清晰性 时间的恰当性 面向全体性
	语言技能	普通话的标准程度,语言的清晰度和通顺程度,语速、节奏和音调的起伏变化,语言的规范、准确和条理性,语言的情感性和激励性,语言的启发性和应变性,表情的恰当性,与学生相互交流性
	讲解技能	讲解内容的重要性,讲解对感性材料的依赖性,讲解的条理性和科学性,讲解由浅入深、易于理解的程度,用词的确切程度,强调关键词汇,举例的恰当性,讲解语言的感染力,讲解面向全体学生,调动全体学生的程度
	板书技能	与教学内容紧密联系,条理性,简洁性,结构性,文字规范,图形表格尺寸恰当,布局合理,增强语言表达效果的程度
	提问技能	问题的明确性和表达的流畅性,与学生已知知识的联系性,所提问题包括不同层次水平,提问的时机与启发性,提问之前给学生的准备性,提问之后给学生思考时间长短的恰当性,面向全体,照顾各类学生,对回答进行评价的程度,对回答进行鼓励或批评的恰当性
	演示技能	演示目的明确,指导学生观察,演示与讲解恰当结合,具有启发性,装置的简便程度和安全可靠程度,演示的清晰程度和直观性,操作的示范性,对实验结果的解释实事求是
	教育技术应用技能	操作媒体设备或课件的熟练程度,媒体材料课前制作能力,对媒体故障的应对能力,媒体形式、内容与课堂教学紧密相关,投影片、幻灯片清晰度高,色彩明亮,录音磁带音质清晰、音量够大,录像带图像清晰稳定,镜头取景合理,组接流畅,录像声音清晰、与图像同步,多媒体课件演示流畅,视听、交互效果好,采用的教育技术手段激发学习兴趣、突破重难点的程度
	变化技能	声音的变化,语速的变化,语言强调的恰当性,面部表情的变化,手势和动作的变化,目光移动与学生接触,身体运动的恰当性,运用媒体的变化,教学活动的变化
	结束技能	结束教学所用时间长短合理,学生参与结束活动的程度高,内容的概括性、恰当性,布置作业要求明确、数量适中,作业具有对新知识的巩固性,作业具有趣味性

附表2 导入技能评价量表

姓名_____课题_____日期_____年_____月_____日 评价者_____

序号	评价项目	等级及分值			权重
		好95	中75	差55	
1	导入具有趣味性,能激发学生的学习积极性				0.2
2	导入能自然引入课题,衔接恰当				0.2
3	与新知识联系紧密,目的明确				0.2
4	导入能把学生引入学习的情景				0.1
5	讲话清晰,感情充沛				0.1
6	导入时间掌握恰当,紧凑				0.1
7	能面向全体学生				0.1
	总分 = ∑分值×权重 =				
意见和建议					

附表3　语言技能评价量表

姓名_____课题_____日期_____年_____月_____日　评价者_____

序号	评价项目	等级及分值			权重
		好95	中75	差55	
1	普通话标准				0.1
2	吐字清楚,声音洪亮,讲话通顺				0.2
3	语速、节奏恰当,音调起伏,抑扬顿挫				0.1
4	语言所表达的教学内容准确规范,有条理				0.2
5	语言情感性好,有激励作用				0.1
6	语言具有启发性,能根据学生的反应随机应变				0.1
7	眼神、表情、手势、走动与口头语言恰当结合				0.1
8	运用语言与学生相互作用,学生积极性高				0.1
总分 = ∑分值×权重 =					
意见和建议					

附表4 讲解技能评价量表

姓名＿＿＿＿＿ 课题＿＿＿＿＿＿ 日期＿＿＿＿年＿＿＿月＿＿＿日 评价者＿＿＿＿＿＿

序号	评价项目	等级及分值			权重
		好 95	中 75	差 55	
1	讲解包含重要的教学内容,有价值				0.1
2	讲解时提供丰富而清晰的感性材料				0.1
3	讲解的知识正确,逻辑性强,条理清楚				0.2
4	讲解方法与学生认知程度相当,学生易于理解				0.1
5	讲解用词准确,对关键术语、词汇加以强调				0.1
6	所采用的例子恰当				0.1
7	讲解语言富于感染力,能使学生持续保持注意				0.2
8	关注学生的反应,用眼神或提问与学生互动				0.1
总分 = ∑分值×权重 =					
意见和建议					

附表5　板书技能评价量表

姓名＿＿＿＿＿课题＿＿＿＿＿日期＿＿＿年＿＿＿月＿＿＿日　评价者＿＿＿＿＿

序号	评价项目	等级及分值			权重
		好95	中75	差55	
1	板书内容和形式与教学内容联系紧密				0.2
2	板书简洁,有条理,结构性强				0.2
3	板书所使用的文字都是规范字,没有错别字				0.2
4	板书中所画图形、表格大小合适,布局合理				0.2
5	板书的动作与内容增强了语言表达的效果				0.2
总分 = $\sum$ 分值×权重 =					
意见和建议					

附表6　提问技能评价量表

姓名＿＿＿＿＿　课题＿＿＿＿＿＿　日期＿＿＿年＿＿＿月＿＿＿日　　评价者＿＿＿＿＿＿

序号	评价项目	等级及分值			权重
		好 95	中 75	差 55	
1	提问明确,语言流畅				0.1
2	提问联系旧知识解决新问题				0.1
3	所提问题包括多种层次				0.1
4	把握提问时机,促进学生思考				0.2
5	提问之前告诉学生将要提问,并适当停顿				0.1
6	提问之后留出充分的时间给学生思考				0.1
7	提问面广,照顾到各类学生				0.1
8	对答案能进行准确评议,使全体学生明确				0.1
9	对学生回答的表扬或批评适时恰当				0.1
总分 = ∑ 分值 × 权重 =					
意见和建议					

附表 7　演示技能评价量表

姓名 _____ 课题 _____ 日期 _____ 年 _____ 月 _____ 日　评价者 _____

序号	评价项目	等级及分值			权重
		好 95	中 75	差 55	
1	演示之前给学生讲清楚演示的目的				0.1
2	指导学生观察				0.2
3	演示与讲解恰当结合,具有启发性				0.2
4	实验装置简便,安全可靠				0.1
5	全体学生都能看清演示				0.1
6	教师动作或操作规范				0.2
7	对实验结果的解释实事求是				0.1
	总分 = Σ 分值 × 权重 =				
意见和建议					

附表8　教育技术应用技能评价量表

姓名_____　课题_____　日期_____年_____月_____日　　评价者_____

序号	评价项目	等级及分值			权重
		好95	中75	差55	
1	熟练操作设备				0.1
2	课前对材料的准备很充分				0.1
3	从容应对媒体设备与材料的故障				0.1
4	媒体运用与教学需求相适应				0.1
5	投影片、幻灯片清晰度高,色彩明朗				0.1
6	录音磁带音质清晰,音量够大				0.1
7	录像图像清晰稳定,镜头取景合理,组接流畅				0.1
8	录像声音清晰、与图像同步				0.1
9	多媒体课件演示流畅,视听、交互效果好				0.1
10	教育技术手段能激发学习兴趣、突破重难点				0.1

总分 = ∑分值 × 权重 =

意见和建议	

附表9　变化技能评价量表

姓名_____课题_____日期_____年_____月_____日　评价者_____

序号	评价项目	等级及分值			权重
		好95	中75	差55	
1	音量、音调的变化				0.1
2	声音的速度、急缓和语言中的停顿恰当				0.1
3	语言中强调的恰当性				0.1
4	面部表情的变化恰当自然				0.1
5	手势、头部动作变化恰当				0.1
6	目光移动但不游离,与学生目光接触恰到好处				0.2
7	身体移动恰当,增强教学效果				0.1
8	运用媒体给学生提供视、听交叉的刺激				0.1
9	教学活动的变化				0.1
总分 = ∑分值×权重 =					
意见和建议					

附表 10　结束技能评价量表

姓名_____课题_____日期_____年_____月_____日　评价者_____

序号	评价项目	等级及分值			权重
		好 95	中 75	差 55	
1	结束教学时间掌握得好				0.2
2	学生参加教学结束活动				0.1
3	对所学内容概括恰当				0.2
4	布置作业要求明确、数量适中				0.2
5	作业具有对新学知识的巩固性				0.2
6	作业具有趣味性				0.1
	总分 = ∑分值×权重 =				
意见和建议					

参考文献

[1] 蔡冠群,夏家顺.微格教学原理与训练实用教程[M].大连:大连理工大学出版社,2010.

[2] 陈建花.高师院校微格教学现状探析[J].海南师范大学学报(自然科学版),2008,21(4):493-495.

[3] 郭友.中学生物教育实习行动策略[M].长春:东北师范大学出版社,2007.

[4] 林巧民,余武.基于微格教学的教学技能训练研究[J].南京邮电大学学报(社会科学版),2010,12(1):120-124.

[5] 鲁亚平.生物教学论[M].合肥:安徽人民出版社,2007.

[6] 谈宝珍.中学生物教育实习[M].北京:高等教育出版社,2000.

[7] 王继红.微格教学在师范生技能训练中的作用[J].文学教育,2008(5):128-129.

[8] 王钰.高师与中学生物学教育适切度的研究[D].成都:四川师范大学,2008.

[9] 汪忠.新编生物学教学论[M].上海:华东师范大学出版社,2006.

[10] 俞如旺.生物微格教学[M].厦门:厦门大学出版社,2007.

[11] 余自强.生物课程论[M].北京:教育科学出版社,2006.

[12] 张汉光,周淑美,叶佩珉.生物学教学论[M].南宁:广西教育出版社,2001.

[13] 张佳妮.我国高师生物科学专业毕业学年课程设置的优化研究[D].成都:四川师范大学,2010.

[14] 张迎春.中学生物教师教学技能[M].西安:陕西师范大学出版社,2012.

[15] 朱宇林,张旭.关于地方高师生物教育专业实践教学模式的探讨[J].科技资讯,2012,9(12):174,176.

后　记

尊敬的专家,亲爱的读者朋友:

　　您好!当您耐心阅读完《中学生物教学技能实训与教育实习》后,不知您是否感觉到中学生物教学确实是一门艺术,需要日久的磨炼,方能领悟其中的真谛。在您回味阅读本书的收获时,我要衷心感谢安徽师范大学教材建设基金和本科教学质量提升工程项目的大力支持,感谢鲁亚平教授的耐心指导,感谢生物教学论教研室陈明林、晏鹏、韩菲等教师的大力支持,感谢学科教学(生物)专业教育硕士研究生王丹丹、王立平、王莉莉、孔祥敏、汤玮、杜春艳等同学的辛勤工作,感谢本书参考文献作者的先创成果和无私奉献!

　　谢谢!

涂传林
2014 年 12 月